JN133503

＼めっちゃ／
知るだけ！
こころとからだの
幸せ法則

キャリアコンサルタント
MBA（経営学修士）
渡邉 文子
Fumiko Nakanishi

文芸社

イラスト／茂木　理穂奈
デザイン／山本　絵美

はじめに

この本を手に取っていただきありがとうございます。感謝しつつ、さっそくあなたに最初の質問をさせてください。

あなたの目の前に箱があります。そこには、「これを知るだけであなたの悩みがなくなり幸せになれます！　ご自由にどうぞ」。さて、あなたなら、どうしますか？

A：人生、そう簡単にうまくいくはずがない、と思って立ち去る
B：知るだけで幸せになれるってほんとかな？　と思って箱を開けてみる

もしあなたが「A」を選んだなら、〝人は簡単に幸せになってはいけない、人一倍努力しなければいけない〟というお考えかもしれません。または、ちょっと警戒心が強いでしょうか？

「B」を選んだあなたは、きっと好奇心旺盛の方ですよね！

次の質問です。では、あなたはどちらの人生の方がいいですか？

A：努力をしても、報われない人生
B：努力をした分、報われる人生

これはどうでしょう、みなさん「B」を選ばれたのではないでしょうか。

わたしがこの本を書いた理由は、

・がんばっているのになかなか結果が出ない
・人間関係に悩んでいる
・大変なことに直面している
・チャレンジしたいけど迷っている

このような方に、**無理をしなくても結果が出て、幸せを感じることができる方法**をお伝えしたかったからです！

ストレスという言葉を聞かない日はほとんどありません。少しメンタルに詳しい人はこう言います。「あらゆることがストレスになるんだよ」。そしてかつてバブル時代を駆け抜けた人はこう言います。「ストレスなんて気の持ちよう、乗り越えろ!」

はて、一体何を信じればいいのでしょうか。

わたしもかつて、何をやってもうまくいかない時期がありました。やればやるほど空回り。頑張っていればきっといつかうまくいく! と思いながら頑張っても、出口の見えない毎日。ところが次の知識が入ってきた今、わたしが見ている景色は当時と明らかに変わりました。

これからお伝えする、**最近の脳科学や認知神経科のさまざまな研究結果などの知識を「知るだけ」**で、無理をしなくても結果を出し幸福で健康になれる方法がわかってきました。

日本では2015年から企業でのストレスチェックが義務化になり、本格的なストレス対策がはじまる中、ストレスに対しての正しい知識、健康で幸福になれる情報や知識が必要になりました。

科学の進歩と長年の研究結果によって、ストレスが何者か、あなたにとってどのような影響をもたらし、健康で幸福に暮らすためには何が必要かが明らかになってきました。

日々がんばっているけど、なぜかうまくいかない……そんな人生は今日でおさらばです。これからは、ストレスをためながらめっちゃ頑張る！　のではなく、めちゃ知るだけで、結果も出て健康で幸せな人生をめざしませんか？

目の前に置かれた箱を開ける――つまり、この内容を知るだけであなたの脳に幸せプログラムが走り出します。さぁ、一緒にページをめくっていきましょう！

もくじ

第1部

「知るだけ！」の恩恵

あなたを変える「3つの本能」

☑ あなたの「幸せ感度」チェック

第2部

「知るだけ！」準備編

「知るだけ！」で意識が変わる、その理由は!?

第3部

「知るだけ！」実践編
知るだけで毎日が変わり始める、22の知るだけ

がんばらなくて
いいぶーっ

本当に「知るだけ」で
変わるぶーっ?!

第1部

「知るだけ！」の恩恵

あなたを変える「3つの本能」

1 知るだけで、人生が変わりはじめる

さきほど「知るだけで人生が変わりはじめる」と言いました。では、「何を」知ると人生が変わるのでしょうか？　もし「知らない」とどうなるのでしょうか？

最近、急速に人の意識と脳、健康と幸福との関係が科学の進歩で解明されはじめています。**知識や情報から脳の動きが変わり、健康や幸福感に影響**をもたらすという結果が数多く発表されています。この本では、重要な興味深い情報をぎゅっと集めてお伝えします。

毎日の出来事に対する反応は、これまで**何を経験し何がインプットされたか**によります。あなたが今後どのような人生を送るかも、あなたが今後どのような情報をインプットするかで変わってきます。つまりあなたの未来を変えたければ、これからインプットする経験や知識を変えればよいのです。知識の種類には、

「**経験**から得られる知識」
「**情報**から得られる知識」
「人から**教わる**知識」

がありますが、これからとっておきのエビデンスであなたに**「幸福で心身が健康になれる反応」**を起こしてもらうことがこの本の狙いです。

日本人は、不安を感じやすい「セロトニントランスポーター遺伝子」を持っている人の割合が、欧米人より多いと言われています。毎日をつらいものにする**ネガティブな感情である怒りや悲しみ、嫉妬などのすべては「不安」がベース**であると言われています。

激しく怒っている人も、とても悲しんでいる人も、元は「不安」によるものでそれが人によってあらわれ方が違うだけです。ということは、まず「不安」を減らすことができれば日々のネガティブな感情がかなり減らせるということになります。

では、なぜ人は不安になるのでしょう。それは不安になることを知ったあと、不安材料を払拭するような知識や情報を知らなかったり、自分ひとりで解決しなければならないと思うことで悪いシナリオが心の中でどんどん進んでいってしまうからです。

しかし、これからご紹介する知識があなたに入っていくことで、不安を減らすことはもちろん、**健康と幸福という人生最大の恩恵**を手にいれることができます。その知識というのは……

・「本能で心身を前向きに変える」方法と知識
・「状況を好転させる知恵が生まれる」方法と知識
・「健康で幸せな人生を送ることができる」方法と知識

人は命を守るために、生まれつきネガティブに対する反応の方が敏感なため、バランスをとるにはポジティブな情報がたくさん必要なの

です！

【プラスの情報を知ることによる恩恵】

① **不安が減る**：脳は状況がよくわからないと不安や脅威を感じますが、知ることで不安を減らすことができます。

② **脳の動きが変わる**：近年の研究から、脳と体がプラスの反応になる**しくみをただ知っていただけで脳がポジティブに機能**することがわかってきました。

③ **突破口が開ける**：実際に簡単な行動に起こすことで**あるホルモン**が分泌され、良好な人間関係と問題解決能力が高まり、あなたの人生の突破口が開きはじめます。

さあ、これから人生が動き出す情報で、あなたの脳に幸福回路の基盤を作り、**幸せプログラム**を発動させましょう！

2 あなたを変える「3つの本能」

巷ではよく「信じれば願いが叶う」と言われますが、残念ながら願っただけでは叶いません。実現のためには、あることがあなたの意識にインプットされている必要があります。

それは、これからお伝えする**「人間の3つの本能機能」を、あなたの脳というOSにインストール**する、つまり**意識しながら毎日の生活**をすることがポイントになります。

【人間の3つの本能機能】

本能①：人は良くなりたい生き物

人には本来、成長するためのプログラムが備わっていて、ストレスを感じたときに出るホルモンは、困難を乗り越えて成長するために出ています。

心身の反応にはすべて意味がありますが、そのしくみを知るだけで**ストレスを感じずパフォーマンスが向上**します。

本能②：〝誰かのため〟に活動すると、自分も相手も良いホルモンが出る

誰かのために行動すると、してもらった相手だけではなく、行動した本人にも、**ある素晴らしいホルモン**が分泌されます。このホルモンは、**ストレスを緩和し健康と幸福感**をもたらします。そして信頼関係が深まり長期的な視点で挑戦の勇気もわきます。この夢のようなホルモンの出し方はこのあとお伝えします。

本能③：脳は自分がイメージした通りに動く

何かイメージすると実は脳は空想と現実の違いがわからず、あなたが望む望まないは別にして実現に向けて働きはじめます。脳は心身を一致させるしくみがありますが、「願えば叶う理由」の一部は、これです。

この機能を使うために大切な約束があります。

それは、あなたが**この3つの機能を本当に信じているか**です。

「本能③」のとおり、脳はイメージしたとおりに動きますので、一方で信じて一方で信じていないと脳は混乱し、結局、あなたが疑ったとおり残念な結果になってしまいます。

でも、まだ半信半疑でも構いません、この3つの本能機能については、このあとじっくりと科学的エビデンスで解説していきます！

3つの本能機能が脳に入ったら、さっそく、幸せプログラムを実行するための情報をインプットしていきましょう。読み終えたとき、きっとあなたの**脳の幸せプログラムが起動**します！

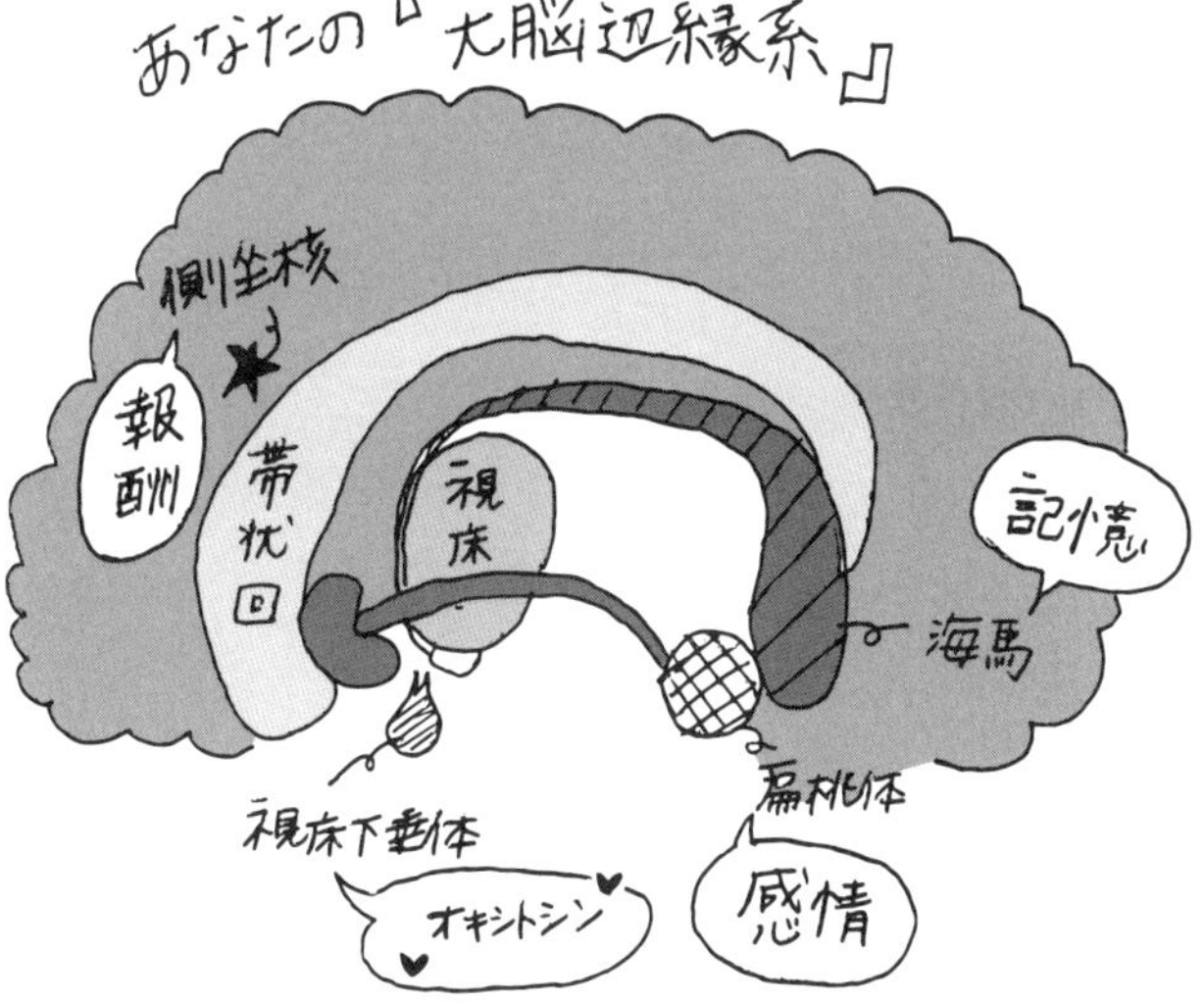

脳の話が出てくるよ！

あなたの
『幸せ感度♪』チェック

まずは、あなたの幸せ感度をチェックしてみましょう！

次のA～Cグループの質問に
「YES」か「NO」で答えてください。
あまり悩まず、直感で答えてねっ

Aグループ

		Yes!	No!
1	人に褒められるとまず謙遜する	□ 0点	□ 1点
2	人のことをすぐ評価する	□ -1点	□ 0点
3	会話で自虐対応してしまう	□ 0点	□ 2点
4	人のいやなところが気になる	□ -2点	□ 0点
5	自分は人より劣っていると思う	□ 0点	□ 3点
6	嫌いな人が多い	□ -3点	□ 0点

1～6の合計　　　点

Bグループ

		Yes!	No!
1	プラスに変えようと反射的に考える	□ 1点	□ 0点
2	困難を嫌だと感じる	□ -1点	□ 0点
3	すごくうまくいくイメージが湧く	□ 2点	□ 0点
4	困難を避けるようにしている	□ -2点	□ 0点
5	うまくいくための努力をすぐ始める	□ 3点	□ 0点
6	困難があるともうだめだと落ち込む	□ -3点	□ 0点
		1〜6の合計	点

Cグループ

		Yes!	No!
1	人にどう思われているか気になる	□ 0点	□ 1点
2	騙されないようにしている	□ -1点	□ 0点
3	信頼できる人がたくさんいる	□ 2点	□ 0点
4	自分のことで精一杯だ	□ -2点	□ 0点
5	人のために動くのが好き	□ 3点	□ 0点
6	世の中食うか食われるかだ	□ -3点	□ 0点
		1〜6の合計	点

それぞれ合計したら、結果を見てみるぶーっ♪

あなたの『幸せ感度♪』結果

A～Cのそれぞれの合計点数の
プラスが大きいほど
幸せを感じやすいタイプです♪
もし、マイナスだったグループがあれば
関連する章をぜひ読んでみてね！

Aグループ

▶自他への肯定度　　+／−（　　）点

「自分や他人を肯定的に感じているか」をみる質問です。

▶点数が高い人は、自己肯定感も高く、人と自然に接することができています。

▶点数が低い人は、自分の欲求や怒りを表に出さないように我慢しているかもしれません。自分や他人を肯定的にとらえるために、思考の転換がおすすめ！

Bグループ

▶ 将来へのプラス思考度　　＋／－（　　）点

「出来事をプラスに解釈できているか」をみる質問です。

▶点数が高い人は、外の出来事に対して自然に前向きな反応ができています。

▶点数が低い人は、人生の夢や希望をあきらめて、無難な生き方を選ぼうとしているのかもしれません。夢や希望をあきらめても嫌なことが起こらないわけではありません。夢や希望はエネルギー源です。やってくるストレスを味方につける方法を一緒に身につけていきましょう！

Cグループ

▶ 人への信頼度　　＋／－（　　）点

「他人を信頼できているか」をみる質問です。

▶点数が高い人は、他人と自然に親しくなったり仲間になるのが得意です。

▶点数が低い人は、闘争・逃走モードになりやすく、人間関係をつくるのが苦手な傾向があります。これからの人生を大切にするためにも、いろいろな人と幸せな関係を築きたいものですね。あなたの幸せを高める脳のしくみを一緒に考えていきましょう！

もうひとつ、結果を見てみるぶーっ♪

『幸せ感度♪』は・・・？

A＋B＋Cの合計点	＋－（　　　）点

＋18〜13点	「すごく幸せ！」	幸せ感度

自分の人生の理想を歩む事ができていて、幸せを感じているのではないでしょうか！この本は必要ないかもしれませんが、幸せを周りの方にもこれを広めてさらにみなさんで幸せになってください！

＋12〜7点	「けっこう満足♪」	幸せ感度

毎日の生活には、かなり満足されているみたいです！

さらにあなたの理想の生き方をめざして、具体的にこの本であなたの方法を見つけてください！

＋6〜1点	「まあ、こんなものかな」	幸せ感度

いろいろな事がある中、前向きさに乗り越えておられるようですね！もしあなたが我慢していることがなくなれば、毎日をもっと幸せに過ごすことができます。ぜひあなたにあったストレスを変える方法を実践してみましょう！

今のあなたの

A～Cの合計点から、
あなたの現在の「幸せ感度♪」を出してみましょう！

残念ながら…
－の人は、こっちだぶーっ

0点～－6点	「いいことはあんまり…」	幸せ感度

日々の充実感があまり感じられていないようです。いい事もなければエネルギーも湧いてきません。もっと人生は楽しくてよいのです。この本でプラスの循環を見つけていきましょう！

－7点～－12点	「けっこう きつくなってきている」	幸せ感度

ストレスを感じる事が多い中、あなたの努力と忍耐で頑張っていませんか？誰かに当たってしまうまえに、あなたが倒れてしまう前に、負担を減らす方法を一緒に考えていきましょう！

－13～－18点	「人生、いやなことばっかりだ！」	幸せ感度

毎日、うまくいかないこと、嫌なことばかりかもしれません。でもあなたが悪いわけでも周りが悪いわけでもありませんよ。

あなたがストレスの本当の姿と原因を「知るだけ」で、状況を改善することができます。ぜひ、一緒に読んでいきましょう！

知るだけで
いいぶーっ

第2部

「知るだけ！」準備編

「知るだけ！」で意識が変わる、
その理由は！？

1 ストレスへの〝イメージ〟があなたを変える

1998年にアメリカの調査で、成人3万人を対象に次の2つの質問をしました。

質問①「前年、あなたはひどいストレスを経験しましたか？」
質問②「ストレスは健康に害を及ぼすと信じていますか？」

そして8年後この研究に参加した人々の状態を追跡した結果、質問①に「はい」と答えた人の死亡リスクが「いいえ」と答えた人のリスクより**43％も高く**なっていたことがわかりました。これだとやはりストレスは悪いんですねという話になりますが、まだ続きがあります。リスクが高くなったのは、質問②にも「はい」と答えた人だけでした。

つまり、**ストレスが健康に害を及ぼすと考えていた人たちのみ、本当に死亡リスクが高まった**ということになります。また、ストレスが健康に害を及ぼすと考えていない人たちの死亡リスクは、ストレスをほとんど経験しなかった人たちよりも低かったのです。

この結果を受けて研究者たちは「ストレスが健康に害を及ぼすという思い込みにより、1年で2万人以上の人が死期を早めてしまった」と報告しています。これは一体、どんな体のしくみなのでしょうか。

不安やストレスを感じると脳の「扁桃体」が反応します。扁桃体が反応するとドーパミン、アドレナリン、コルチゾールなどのいわゆる**「ストレスホルモン」**が分泌されて、心臓や自律神経などに負担となります。これが長期になると免疫力や消化機能の低下、不眠、イライラ、うつ症状などのさまざまな**心身疾患発症のリスク**を高めることになります。

しかし扁桃体が反応するには理由があります。危険時や力を発揮しなければいけないとき、「闘争・逃走反応」によって体の機能を

一時的に最大化させます。これは人類にとって必要な反応で、何か成し遂げようとするときにはアドレナリンが分泌されて大きなパフォーマンスを発揮することができます。

しかし体への負荷を避けることばかり意識が向きすぎると、少しの負荷に対しても反応が過敏になるばかりか、体のプラスの機能も発揮できなくなり、結局、恐れていたことが現実となります。

この研究調査の結果、健康への影響はストレスのかかる出来事が起きたかどうかよりも、**ストレスをどう捉えているかという意識**が大きく影響していることがわかりました。

ストレスとは、**意識と受ける期間の長さによって良いものにも悪いものにもなる**変幻自在な存在だったのです。

コラム1

ストレスの祖はストレス知らず!?

1930年頃、ストレス学説を唱えたハンス・セリエという学者がいます。

ハンスはマウスの過酷な環境での実験から、人間を含める動物はストレスを受けることで心身に悪い影響が及ぼされるということを発表しました。

その後、いわゆるストレス解消産業の大きな力もあり、ストレスは悪者として社会で排除されるようになりました。

しかしそんなハンスも昼夜、研究に明け暮れる日々を過ごしていたようですが、「自分は人生において少しの仕事もしなかった」と言っていたとのこと。

よほど、実験が楽しかったんでしょうか！

「ストレスは、生活のスパイス」とも言っているハンス。ストレスとは何かを教えてくれたハンス自身はノーストレスの人だったようです。

2 幸福に必要なものがついに明らかに！

アメリカのハーバード大学で史上最も長期にわたる研究が行われました。75年間にわたり、724人の人生を追い続けたのです。

開始当時、研究対象者はまだ10代の若者で、水道もガスも通っていない貧困家庭に生まれ勉強する機会も得られない若者や、裕福な家庭で育った子ども、ハーバード大学の学生や、戦地へ行った若者も含まれていました。

研究者たちはアンケートをとり健康診断結果を分析したり、直接対象者の家族にインタビューしながら家庭生活や学校、仕事の状態をヒアリングし続けました。

２００９年についにその結果が発表されました。開始当時10代だった対象者は75年後、工場労働者や職人、弁護士、医師などになり、アメリカ大統領もひとりいました。アルコール中毒や統合失調症になった人や、短命で亡くなった人もいました。

彼らの人生が証明したのは次のことでした。健康で長寿で幸福な人に共通したこと、それは健康で幸福な人生に必要なものは、お金でも地位でも名誉でもなく**「良好で恵まれた人間関係」**であったということです。

＊

所得や社会的地位、物質的な資源などを**「地位財」**と言います。一方、健康や良好な人間関係、居場所や愛情などを**「非地位財」**と言います。心理学では、地位財による幸せは長続きせず、非地位財による幸せは長続きすると言われてきました。この長年の研究から、健康で幸福に長生きをした人は、地位財ではなく非地位財に恵まれた人たちだったことが明らかになりました。ちなみに**地位財に執着すると人生の基盤的喜びを忘れやすい**と言われています。

人は、「良くなりたい生き物」なので、社会的地位を向上させたいと思います。野生動物は強さで脅して主導権を手に支配して服従させますが、人間の地位というのはそれとは違い、人々への貢献や**信頼によって周囲から与えられる**ものです。

幸せな人生を送った人々は、自ら周囲の人を明るくしたり、積極的にボランティア活動に取り組んだりして**人のつながりと信頼関係を大切**にしていました。つながりがあると、不安が減り心に余裕もできます。そしてますます良好な人間関係が育まれ、**「幸せの好循環」**が生まれるのです。

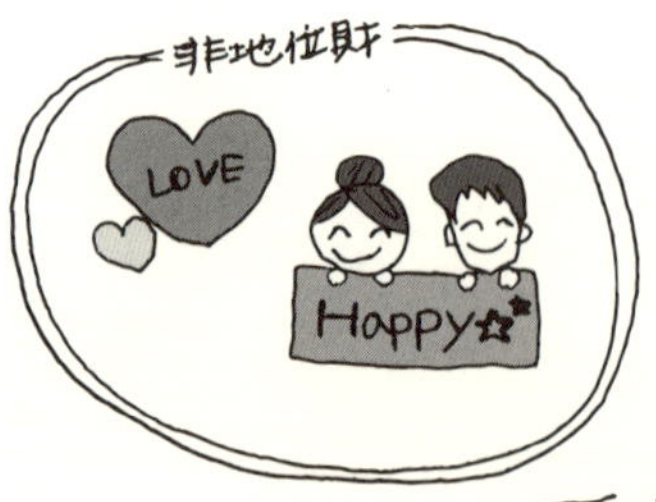

長寿の可能性を高める要因

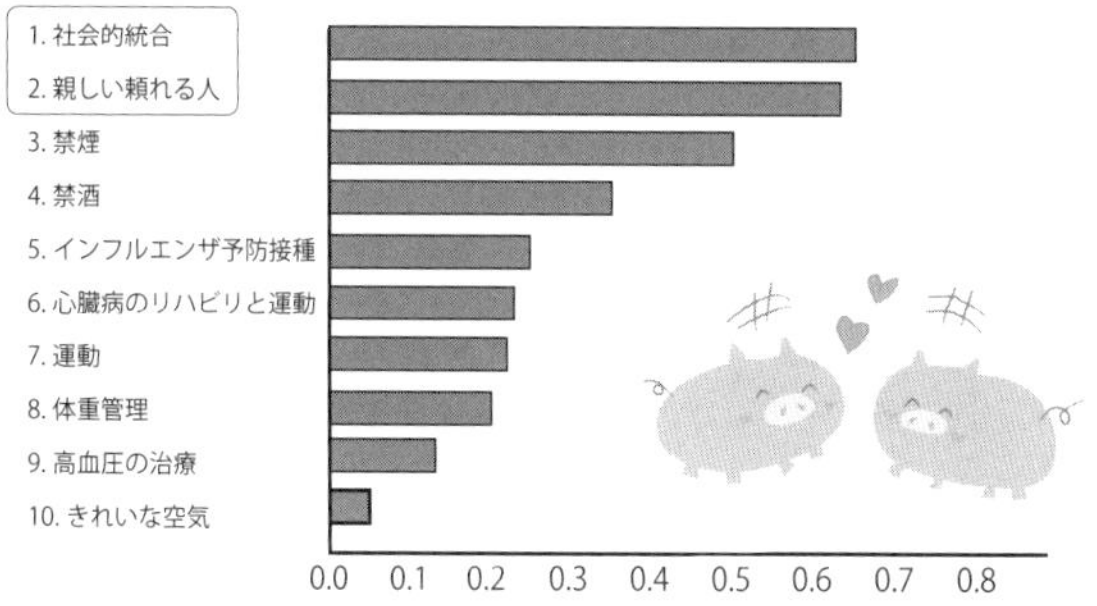

（ブリガムヤング大学調べ）

ブリガムヤング大学の研究者　ジュリアン・ホルト・ランスタッド氏の研究によると元気だった人の「死亡する可能性」を減らした要因は何か調べるため、数万人の中年者のライフスタイルを記録し続け、7 年後生存している人の結果を発表しました。

その結果、運動や食事など、健康のためにする事より上位は、1 位・2 位とも社会生活に関することでした。2 位の「親しい頼れる人」＝親しい人がいるか、親身に相談にのってくれる人がいるか。辛い時に助けてくれる人、寄り添ってくれる人がいるか。1 位の「社会的統合」＝日々の活動の中でどれだけ交流があるか。何人の人と話すか？結びつきの深さ、浅さは関係ない。店員さんや散歩で会う人など。交流の場への参加などです。

カナダの心理学者、スーザン・ピンカー氏によると長寿の因子は遺伝子では25%しか説明できず、75%はライフスタイルであるといいます。

現代社会は自分が頼れるのは 2 人以下と 3 人に 1 人が答え、話し相手が 1 人もいないという人が人口の 4 分の 1 でした。

また、直接的な交流の方がより免疫力を高めることもわかってきました。これらの研究から社会生活での人との交流がいかに健康寿命に大切かが明らかになったのです。

3 愛情ホルモン「オキシトシン」が注目される理由

誰でも忙しいときは自分のことで精一杯になってしまいがちですが、近年の研究から、人のために活動する時間が多い人ほど**時間を長く感じ、自己効力感も高まり、ストレスも低下**したという結果が得られました。また、自分を支えてくれる人を思い出したり、**誰かとつながっていると考えただけでも、ストレス反応が和らぎ、パフォーマンスが向上**することもわかってきました。

誰かのために感じる幸せは、燃え尽きることがなく困ったときにも助け合いながら乗り越えることができて自分も周囲も好循環の幸福感があります。しかし、目的が自分のためだけの場合は、一緒に励まし合う人がいなかったり、うまくいかない場合、自己嫌悪や周囲のせいにしやすく双方に悪循環になります。

人は本能として良くなりたい生き物だと書きましたが、これが自分のためと人のためでストレスの感じ方が違うのは、一体なぜでしょうか。

最近の脳科学の研究で明らかになってきたのが、誰かのために活動をすると脳から**「オキシトシン」**というホルモンが分泌されることです。オキシトシンは「愛情ホルモン」とも呼ばれ、出産のときに放出されることは昔から知られていましたが、このホルモンがさまざまな**心身へのプラスの影響**があることが最近になってわかってきました。

まず1つめに、**心臓血管収縮の緩和やコルチゾールの低下**です。

心臓にはオキシトシンの受容体があり、ストレスで収縮した血管を拡張させるので、血圧が下がります。そしてストレスホルモンであるコルチゾール値も低下しリラックスした状態になります。

2つめに、オキシトシンが出ると**人を信頼**します。誰かのための行

動をすると自分と相手双方にオキシトシンが分泌されます。

また、男性が結婚するとオキシトシンの量が増え、ひとりの人を大切にすると言われています。一夫一婦制のねずみであるプレーリーハタネズミにはオキシトシンが分泌されることが知られています。

人間同士だけでなく動物とも**世話をしたりスキンシップすることでオキシトシンが分泌**されます。周囲の感情に気付きやすくなり、求めに応じようという気持ちになり、お互いに信頼関係が深まって双方ハッピーになれます。


3つめに、考え方が変わります。**思考が長期的になり人間関係を重視**した考え方になります。このためみんなが**幸せになるためのアイデア**が浮かびます。また、オキシトシンは恐怖反応を鈍らせるため、大変な経験をしてもまたチャレンジしようと思えます。

出産のときに大量に分泌されますが、まさしく母は強しです。陣痛の痛みもどこへやら、2人め、3人めが産めてしまうのはオキシトシンのおかげでしょう。自分以上に大切なものができたという不思議な感覚を味わいながら、我が子にたっぷり愛情を注ぎます。

こんなに恩恵の多いオキシトシン。なんと自分で分泌させられるホルモンなのです！

【オキシトシンの出し方】
①人を支援したり、喜んでもらったり、信頼したりすると分泌される。
②困ったときに、誰かに助けを求めるように促すため分泌されている。
③ハグやマッサージ、スキンシップでも分泌される。

どれも自分でできることばかり！「情けは人のためならず」という言葉がありますが、これもこのしくみで証明できます。

ちなみに、男性ホルモンである「テストステロン」は、競争のホルモンで、オキシトシンを抑制します。大変なときにひとりで抱えてしまう人がいますが、そんなときほど誰かに助けを求める方が良いのです。戦わなければいけないときでも、仲間みんなで乗り切るのが成果も健康にも良い結果となります。

ストレスを感じそうなときは、自分でオキシトシンを出せる方法を知っているといいです。

「あー、オキシトシン出てる出てる♪」
と、自分で感じることは心と体にとっても良いことです。

ちなみにわたしはペットのふわふわの白いトイプードルと戯れていると、いいアイデアが浮かんできたりみんなハッピーになれる知恵が浮かんできたりします。

みなさんも自分のお気に入りの方法で、
オキシトシンをどしどし出してしてくださいね！

コラム2

トイレの神様はみている

何年か前に『トイレの神様』という曲が大ヒットしました。

「トイレにはきれいな女神様がいるんやでー。
だから毎日きれいにしたらべっぴんさんになれるんやでー」
と言っていた今は亡きおばあちゃんを思い出し……という歌です。

これを聞いて、「よーしトイレ磨いてきれいになるぞ～！」
あれ？　ちょっと待った！

「わたし、きれいになりたいっ」と思ってお掃除する人。
「トイレがきれいだと使った人が気持ちいいだろうな」と思ってお掃除する人。

トイレの神様はどちらの人に、ほほえむでしょうか？

神様がいるかはさておき、その行為が誰のためなのか何のためなのかによって、結果はさまざまに変わってきます。

「○○すれば○○になる」的なマニュアルに飛びついてもいまいち効果が出ないのは、こんなことかもしれません。

実は、同じことをしても結果が異なるのは秘密があります。このあと、詳しくお伝えしていきます！

4 褒めて伸ばすより効果的!!「あなたはできる」

アメリカでこんな実験が行われました。学力が州で平均以下の地域の10歳の子どもたちをA・Bの2グループに分け、難しい課題を解いてもらいました。

Aグループの子どもたちは「どうしようもない」と言って課題を途中で投げ出してしまいました。ところが、Bグループの子どもたちは「挑戦は楽しい」と言って、プロセスを楽しみながら課題に取り組んだ結果、学習能力が向上しました。

脳の血流量の測定でも、AグループにくらべてBグループの子どもたちは取り組んでいるときの脳の血流量が増え、活発に活動していたことがわかりました。

グループをランダムに分けたあと、Bグループの子どもたちにあることをしたのですが、それは何だと思いますか？

それは、「難しい課題に向かって脳を使っているとシナプスがどんどん増えていき、難しい課題に対処できるようになるよ。そうして君たちの能力はどんどん発達するんだよ」と、**脳が成長するしくみを事前に伝えていた**ということでした。

＊

行動や判断する際の考え方の枠組みを「マインドセット」と言います。スタンフォード大学のキャロル・S・ドゥエック氏は**「しなやかマインドセット」**と**「こちこちマインドセット」**の2つを紹介しています。前者は、**「能力は使えば伸びる」**という考え方、後者は、**「能力は変化しない」**という考え方です。

ドゥエック氏は、「しなやかマインドセット」の人は、前向きに学習し経験や能力を向上させることができ、「こちこちマインドセット」の人は、課題を積極的にクリアしようとはせず、それでいてストレスを感じやすいと言います。

「課題を乗り越えると一回り大きな自分が待っている」というプラスイメージでモチベーションが高まると、ドーパミンが出て、脳の機能が活性化し新しい神経回路が作られます。脳は数時間かけて**ストレスの経験を記憶**してそこから学びます。いわゆる**ストレス反応によって学習と記憶をつかさどる脳の領域が活性化**するのです。ストレスからの回復プロセス中に感情が高まるのは、**感情を伴うほうが経験を記憶しやすい**からです。ストレスを感じたときのイライラ感、不安感は、経験を学習に変えるために必要な感情だったのです。

イライラや不安を感じたら、**「脳が学習するためにいろんなホルモンが出ているんだ」**と考えて感情を受け入れると、**脳がストレスに対して前向きに対処**ができるようになります。

子どもたちが課題に挑んだときの脳の活動の様子

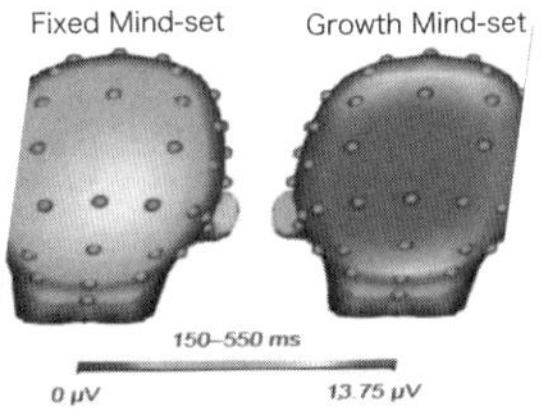

（出典：キャロル・ドゥエック『TED 必ずできる！ 未来を信じる「謎の力」』）

また、最近の研究では年齢が**いくつになっても脳の神経回路は発達する**ことがわかってきました。
さまざまな経験がもたらす**脳と能力の発達は生涯続く**ということです。

母親や養育者からの愛情が子どもの**脳の発達スピード**を速めたり、**大脳の構造を変える**ことも明らかになっています。特に、幼児期に母親らの愛情を多く受けた子どもは、学習や記憶と深く関わる**「海馬」がより大きく発達し、ストレスの受容体が形成**されるという結果が発表されました。

母親や養育者からの愛情は「量より質」が大切と言われますが、愛の質とは、**「心で実感できる、心の安心感につながる愛」**です。

前向きなチャレンジのためには、希望だけでなく**「あなたならできる」**とあたたかく見守られ信じてもらえるエネルギーとともに、いざというとき温かく包み込んでもらえる**安心感**が必要なのです。

5 利己的な満足感は体に害になる

アメリカで18歳から89歳までの1000人を対象に、3年間、次の3つの質問をしました。

質問①「過去1年間のストレス状況は?」
質問②「学校や地域の活動など、奉仕活動にどれくらいの時間を使いましたか?」
質問③「医師の診断で心疾患、がん、糖尿病など重度の病気が見つかりましたか?」

その結果、奉仕活動を定期的にしていた人は、強いストレスを感じる出来事を経験しても、健康リスクは高くなりませんでした。一方、普段奉仕活動をしていない人は、離婚や失業などのストレスの多い出来事を経験するたび、新しい疾病を発症するリスクが高くなっていました。

人は食欲や性欲といった基本的欲求が満たされると快楽ホルモンが分泌されます。
そして一定量になると拮抗ホルモンによってその分泌は止まります。

一方で、他人への感謝や信頼やつながりを感じるときに放出される快楽ホルモン**「βエンドルフィン」**は、増加しても拮抗ホルモンは分泌されず、幸福感が長続きし、緊張やストレスや不安を減らす働きをして、心身ともにリラックスできます。

この結果にも関係する**「CTRA遺伝子群」**について説明します。カリフォルニア大学のスティーブン・コール教授の研究によると、「CTRA遺伝子群」は、ストレスを受けたときに活性化する**炎症関連遺伝子群**と、反対に不活性化する**抗ウイルス・免疫遺伝子群**からなっています。自分の欲求を満たすための**快楽型満足**の場合、ストレスを受けたときの反応と同じ**炎症関連遺伝子群が活性化**することがわかったのです。

一方、他者への奉仕など生きがい型の満足を感じると炎症遺伝子群の発現は抑えられ、抗ウイルス遺伝子群は高い状態でした。満足感の内容によってなんと反対の反応が起こるのです。

ひとりで満たす欲求充足よりも良好な人間関係による幸福のほうが体に良く、誰かと一緒に喜びを感じる機会が多い人のほうが幸福で健康な人生を送ることができる理由が遺伝子レベルで解明されました。

人の体は、もともとみんなで仲良く助け合いながら生きることで健康で幸せになるように、遺伝子に組み込まれているのです。これまで誰かと楽しく過ごす時間を我慢してでもひとりで頑張っていた方、今日からは、安心して誰かと一緒に楽しい時間を過ごしながらできることに積極的に時間を使ってください！

あなたの
『ストレス変換力』タイプ

次のような時、あなたが瞬間的に
思い浮かべる方を選んでください！

		M	P
1	トラブルが発生しました。	□ 逃げたい。	□ 解決したい。
2	生まれて初めてすること。	□ きっと失敗する。	□ たぶんできる。
3	思うような結果が出せません。	□ 落ち込む。	□ 原因を考える。
4	昔、一度失敗したこと。	□ 二度とやりたくない。	□ できるようになりたい。
5	苦手なことをしなければなりません。	□ 避ける方法。	□ うまくやれる方法。

→M ＿＿ 個　→P ＿＿ 個

		O	S
6	仕事でミスがあったことがわかりました。	□ 誰がミスしたんだ。	□ 自分のミスかもしれない。
7	自分とは違う意見の人がいました。	□ この人は間違っている。	□ なぜ意見が違うのか興味がわく。
8	自分が思うような評価がもらえませんでした。	□ 悔しいので見返すと誓う。	□ 自分の課題を考える。
9	希望したことができません。	□ 誰のせいか気になる。	□ 次の機会を作ろうと思う。
10	苦手なタイプの人がいます。	□ イライラする。	□ 何で嫌なのか考える。

→O ＿＿ 個　→S ＿＿ 個

設問(1)~(5)　M と P で多い方　設問(6)~(10) O と S で多い方

あなたはA~Dどのタイプですか？

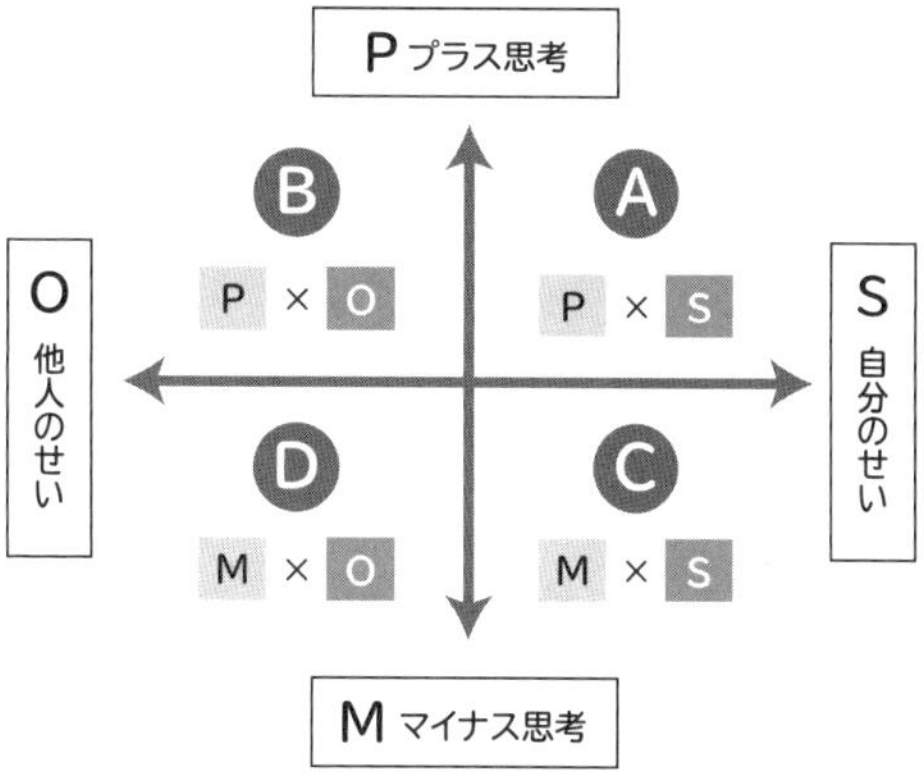

B ネガティブモチベーション型

くやしい「みかえしてやる！」

ストレス	成長	人間関係
―	○	△

ストレスになる出来事があっても、それを乗り越える高いエネルギーをもっています。ストレス変換力はあるのですが、動機がネガティブな感情からおきるのでストレスを感じます。あまり人間関係は安定しません。

A ポジティブモチベーション型

この課題を乗り越えて「プラスにしよう」

ストレス	成長	人間関係
○	○	○

ストレスになる出来事があっても、それをプラスに変えてしまえるタイプです。変換力はとても高いです。ストレスをあまり感じることなく問題解決を行います。良好な人間関係も保てます。

D まわりのせい型

誰かのせい「もういやだ！」

ストレス	成長	人間関係
―	―	―

ストレスを感じやすく、いろいろなことが気になります。ストレス感じやすく周囲に責任を求めるためなかなか解決は難しく、良好な人間関係を築くことが難しくなります。

C 自己否定型

俺が悪い「もうだめだ……」

ストレス	成長	人間関係
―	―	△

出来事に対してストレスを感じやすく，落ち込みがちです。あきらめることで解決しようとします。助けてくれる人はいるかもしれませんが、人間関係を楽しめる余裕がありません。

あなたの結果はどうでしたか??

どのタイプの人でも、まったくストレスのない人生はありません。

幸せの反対が不幸なのではなく、不幸の反対側が幸せなのでもありません。幸せを感じながら、不幸な出来事やストレスにどう対処していくかです。

幸せと不幸はインタラクティブにお互い影響を受け合い、ダイナミック。幸福と不幸は平行に存在しているもので、不幸を人生から完全になくすことはできません。

人生に正解はありませんが、幸せだと感じることが多いほうが幸せで、何に幸せを感じるかは自分で選ぶことができます。

さぁ、これからいよいよ、
あなたが幸せに暮らせる具体的な方法について、
幸せのちゃりんぶた♪　と一緒に見ていきましょう！

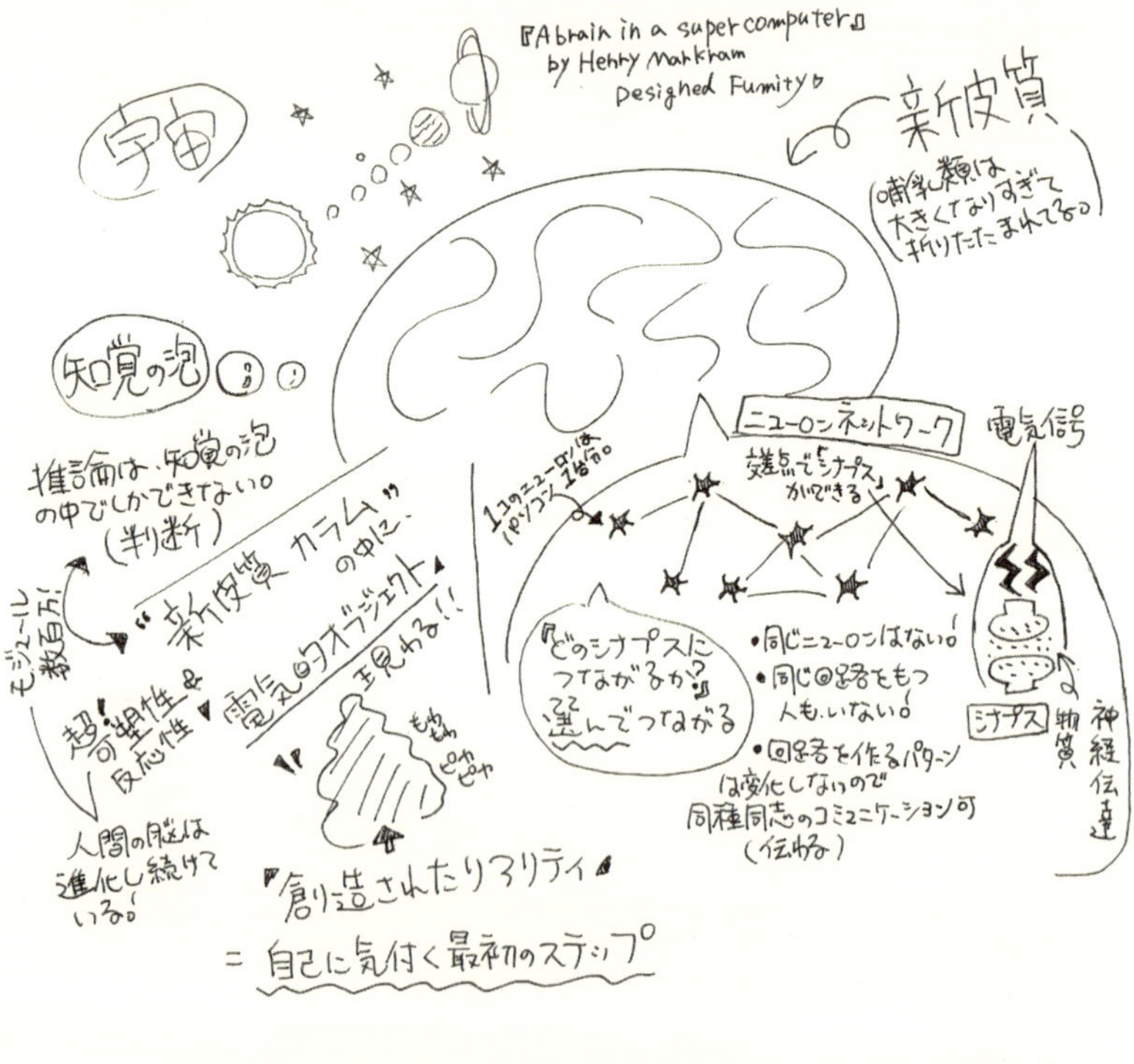

『A brain in a super computer』
by Henry Markram
Designed Fumity♪
宇宙
新皮質
哺乳類は大きくなりすぎて折りたたまれてる。
知覚の泡
推論は、知覚の泡の中でしかできない。(判断)
モジュール数百万!
"新皮質カラム"の中に、
電気的オブジェクト現れる!!
超!可塑性&反応性
もわもわ
ピカピカ
人間の脳は進化し続けている。
『創造されたリアリティ』
=自己に気付く最初のステップ
ニューロンネットワーク
1コのニューロンはパソコン1台分。
接点で『シナプス』ができる
電気信号
『どのシナプスにつながるか?』選んでつながる
•同じニューロンはない!
•同じ回路をもつ人もいない!
•回路を作るパターンは変化しないので同種同志のコミュニケーション可(伝わる)
シナプス
神経伝達物質

第3部

「知るだけ！」実践編

知るだけで毎日が変わり始める、

22の知るだけ！

1 「脳のしくみ」を知るだけ！

わたしたちの体には**「オートナーバス」**というしくみが備わっています。興味や自分に関連があることは脳のＲＡＳという神経回路が五感に働きかけ自動的に必要な情報を収集していきます。たとえば、友人と夏休みに海外旅行に行く計画を立てたとしましょう。するとこれまで気付かなかった海外旅行のポスターが目に入ってきたり、車を買い替えることになったら街を走る車の車種が気になったり、自分の会社のロゴはかなり遠くからでも目に飛び込んできたり……。

このとき体の中では無意識のうちにあなたが目的を達成するための準備が行われていて、あなたが意識したことに忠実に脳は情報を集め、次の行動につながる指令を全身に送っています。

オートナーバスはまさにわたしたちの望みをかなえる**「自動目的達成装置」**です。

第2部で紹介した「しなやかマインドセット」もオートナーバスの1つです。「課題に取り組むと脳の能力が向上する」というしくみを知ったことで、脳は課題解決に向けて積極的に対処行動をはじめます。脳が快の状態になり、能力が向上しパフォーマンスが上がります。

1つ注意することがあります。あなたが入手した情報があなたにとって望ましいかどうかまで脳がわかって取捨選択しているわけではないということです。課題に取り組むことで本当は成長できることであっても、「この課題は自分に害をもたらすものだ」と考えることによって、脳はやる気を起こさず**避けるための反応**を起こします。**脳は敵からあなたを守ろう**としているのです。

オートナーバスには、**過去の失敗の原因を自動修正**してくれるありがたい機能も付いています。しかし失敗をイメージしたり必要以上に緊張してしまうと、せっかくの修正機能が働かないばかりかそのイメージどおり失敗してしまいます。これはオートナーバスの良いところでもあり、困ったところでもあります。

では過去の失敗を修正するにはどうすればいいでしょうか。

【目的に合わせて修正する方法】

①うまくいったときといかなかったときの心の意識と体の**感覚を思い出す。**

②うまくいったとき、何が起こっていたか**理論と合わせて確認**する。

③目指しているパターンがいつでも再現できるよう**何度も練習**する。

このようにして経験を振り返ることで、脳のプログラムを書き換えて、あなたが身に付けた能力を発揮できるようになります。

さらに、知識と経験が豊富な人からの支援やアドバイスがあると効果があります。遠慮せずフィードバックをお願いしましょう!

2 「人と比べてはイケナイ」を知るだけ！

今の時代は、バブルのときほど形がある地位財での競争の風潮はなくなりましたが、その代わりにＳＮＳなどでの「いいね」の数や人との「つながりの数」を競う時代になりました。

あの人に比べ自分はなんてダメなんだという「落ち込み」。あの人のほうがなぜ自分より評価されるんだという「怒り」。このような人との比較による負の感情は想像以上に心身の負担になります。**劣等感や嫉妬心**を感じているときの脳の活動を調べると**扁桃体**が活発になることがわかっています。このような反応によって扁桃体はコルチゾールという**身体に負担の高いストレス**ホルモンを増加させます。

「自分のほうがあの人より優位」と考えると、そのときは満足で幸せを感じるかもしれませんが心からの安心を得ることはできません。常に誰かと比較しながら、敵がいないか意識する人生では、人の幸福を喜ぶこともできません。そしてこの満足は絶え間ない勝ち負けによる不安と背中合わせです。人のつながりは大切ですが、自慢するものではありません。

地位財の他にも、他人との比較や承認によって自分の価値を考えるという、外に基準を持ちながら自分はこうあるべきという**「W基準」**の考えは、とても多くストレスを感じます。目標を目に見える地位財か、人からの評価や人脈の多さによる優劣と考えるのも、本質的には比較と顕示による競争と同じです。

幸せは人に自慢するものではなく、自分の中や誰かと共有しながら感じるものです。もし環境が自分に合っていて安心感を感じられれば、他人からの目は気にならなくなります。基準を外に持つのは自分に自信がないか圧力がかかっている場合です。

モチベーションには2種類、**「ポジティブモチベーション」**と**「ネガティブモチベーション」**があります。

誰かに喜んでもらいたい、社会に貢献したい気持ちから生まれるのが「ポジティブモチベーション」、誰かに喜んでもらうこと自体がやりがいなので、評価は重要ではありません。**脳は快の状態**で、オキシトシンの分泌が盛んで人間関係も良好で能力も発揮できます。頭で考えてしまう現代人は先の評価や損得を考えがちですが、目の前にいる人に純粋に喜んでもらいたくてしているかは本能でわかります。

一方、誰かを見返したい、人より上に立ちたい、人より得したいというようなモチベーションを「ネガティブモチベーション」と言います。他者への**競争優位**や**損得**や**リベンジ**が目的で**扁桃体**に完全に支配されています。目標の達成に向けて強力なパワーがありますが、エネルギーの源は「可視化された他人からの評価や自己満足」です。達成が人間関係より優先されるため継続的な幸福感が難しく、人や社会の基準に左右されるので心身が不安定になりやすく、自分の健康と引き換えに達成しているようなものです。

また、プライドにも、**「素敵なプライド」**と**「残念なプライド」**があります。地位財での比較や実力以上に自分を良くみせようとするのは「残念なプライド」のほうでネガティブモチベーションから生まれます。こちらのプライドは見た目に気を使い、結果がすぐに出やすいほうを選び感情の起伏が大きく、本物の実力に向けて地道な努力が苦手です。

「ただの歯車になりたくない」という表現があります。ところが世の中すべてあらゆる歯車的な連携で成り立っていて、ひとりひとりの歯車なくして何も成り立ちません。「ただの歯車」が何を意味しているのか考えてみましょう。そこには「あなたでなくても、誰でもいい」という意味が含まれています。「代わりの人は他にいる」というメッセージほど人を傷つけるものはありません。「あなたにお願いしたい」というメッセージほど人を元気にするものはありません。

日本でたったひとりの漆カンナの職人の方が「最後まで、歯車になる」とおっしゃっていました。癒される漆椀も国宝級の漆工芸もこの職人さんが作ったカンナがなければ誕生していません。使う人の使いやすさと漆の木への愛情がこもったカンナ作りに、縁の下の役割に徹する覚悟を持っておられました。とても素敵なプライドだと思いました。

あなたが素敵なプライドで打ち込めることは何ですか？　将来どんな役割をしたいと思いますか？　**プライドのある歯車をめざすことは、自分の役割を探すヒント**にもなります。素敵な歯車をめざすには、本人の意識だけでなく体制側も環境を整える役割があります。素敵なプライドで活躍するには、**ポジティブモチベーションの組織**であることです。

就職先を考える際も、ポジティブモチベーションと素敵なプライドであなたらしく活躍できる環境かどうか、大変なことがあっても助け合いながらオキシトシンを出して活動できる風土かという視点を入れてみるのもいいでしょう。

素敵なプライドを持ち続けている人は、年齢を重ねるごとに素敵になっていかれるように思います。プライドに年齢は関係ありません。いくつになっても素敵なプライドをめざしたいですね。

3

「脳はシンクロする」を知るだけ！

人の脳はシンクロするという話を聞いたことはあるでしょうか。人は実は生まれつき社交的で、まねをするのが好きです。赤ちゃんが舌を出すまねをするのもこのしくみからです。人は本能的に一緒に何かをするのが好きで、協力し合うと脳の報酬系ホルモンが分泌されます。脳は自分の意思にかかわらず、他人からの感情の影響をとても受けます。他人からの影響を受けるということは、人もあなたからの影響を受けているということです。

信頼関係があると脳がシンクロしやすいと言われています。コミュニケーションは、情報の伝達だけではなく**感情の伝達**がとても大切で優しさは伝染します。感情がお互いにシンクロすると、コミュニケーションがとれたと感じます。

「この景色、きれいだね」「ほんと、めっちゃきれい！」というプラスの感情の共有はとても幸せで、脳にとってかなり快の状態になるコミュニケーションです。

悲しいなどマイナスの感情を共有することもありますが、コミュニケーションの**目標は信頼関係を築く**こと。この経験を通して信頼関係につながればコミュニケーションとしてはOKです。

世の中のあらゆる関係はお互いの**反応**でできています。そしてあなたから見たその知人の存在は、相手から見たあなたの存在と同じです。心の友は心の友、パートナーはパートナーです。お互い同じであれば続きますが、どちらかが違えば関係は自然になくなっていきます。これが「類は友を呼ぶ」の法則です。お互い求め合うものが一致すると同調します。どのような目的でできたネットワークに自分がいるか、ネットワークの特徴を俯瞰することで、自分自身の生き方を再確認したり修正したりできます。

遺伝的にどうやっても誠実な人が2割、環境や相手次第で誠実にも不誠実にもなれる人が6割。どうやっても誠実になれない人が2割なのだそうです。お互い良い面が引き出される関係になれれば、あなたにとって**8割の人は良い人**ということになります。いい人と一緒に過ごすには、周りを変えようとするより自分がいい人になるほうが早そうです！

4 「言葉の力を借りる」を知るだけ！

日本には古くから「言霊（ことだま）」という言葉があります。言葉に宿ると言われるこの力について脳科学の進歩でわかってきたことがあります。

脳は自分が発した言葉をそれが事実か自分のことかは関係なく、その意味どおりの反応をします。たとえばあなたが誰かに「素敵ですね」と言ったとします。するとあなたの脳はあなたの言葉に反応して**快の状態になり全身の細胞が活性化**します。

「人のことを褒めると良い」と言いますが、実は相手だけではなく自分にも良いことがあるのです。しかも言われた相手もあなたに好意を持ち、あなたも喜ぶ反応を見てさらに嬉しくなりいいことばかり。むしろ発した人のほうに恩恵が多いかもしれません。褒め上手は生き方上手。お互いに相手の良い面を見つけて伝え合いましょう。

言葉には、「プラスの意味」を持つ言葉と「マイナスの意味」を持つ言葉があります。プラスの言葉は人を勇気づけ明るくし、マイナスの言葉は、人をイライラさせたり自信をなくさせたりします。

普段からできるだけ「プラスの言葉」を使うようにします。もし嫌いなものがあっても「これ嫌い！」と言うのではなく、言い方を工夫して「少し苦手です」とか、「あまり好みではない」などの表現をするようにします。

言い方ひとつでプラスの意識に変わる言葉として、

「すみません」↓**「ありがとう」**（何かしてもらったとき）
「とりあえず」↓**「まずは」**
「やらなければ！」↓**「やってしまおう！」**

プラスの言葉を使う意識が、**物事をプラスに考える習慣**にもつながります。

ちょっとしたことで、すぐ「最悪だ」と言う人がいますが、マイナス言葉を普段から普通に使っていると、幸せの神様（実際には人ですが）は離れていきます。ポジティブな人はネガティブな言葉を聞くのが好きではないからです。

「ストレス」という言葉も本来は物体を変形させる物理量のことで、言葉自体に善悪の意味はありませんでした。そして「ストレス」をあなたがどのように捉えるかで心身の反応が変わることはお伝えしたとおりです。

また、現実を見ずに自分の都合のよい解釈をしたり、ただ強がりを言うことがポジティブでもありません。そこを間違えると、いくら頑張っても結果は出ません。

また、愚痴を聞いてもらうことも必要ですが、吐き出したあとに、前向きな気持ちになれるか、誰か特定の犯人を作り人間関係が悪くなっていないかは大切なことです。

一緒にいて居心地の良い人になれるように努力すること、**一緒にいたいと思われる人**になることが、幸せになるためのはじめの第一歩です。

あなたが目で見るもの、耳で聞くもの、肌で感じるもの、すべてがあなたの感情と連動しています。いつも目に入る光景、触れるもの、聴くものは無意識に影響しています。

プラスの言葉を意識して使うことで人間関係が変わります。

身の回りを整え、本来輝いているものは輝いているようにしておきましょう。いつでも心を整えられるように、あなたの心や脳に心地よいものをセレクトしましょう。

5 「脳は心地よいのが好き」を知るだけ！

もし今朝、あなたが「素敵な一日がはじまる」と考えると脳の中はどのようになると思いますか？ 脳はこれと一致する情報を集め、結果的に素敵な一日になるように機能しようとします。

楽しいことや希望があると脳はそのイメージ通り具体化させようとします。すると不安は去って**目の前のことに集中しパフォーマンスが向上**します。好きなことに没頭しているときも同じようにフロー状態になり、このような状態は4～5時間続くと言われます。

このようなプラスのイメージは脳にとても心地よく、その状態をキープしようと**体内の細胞を活性化**させます。脳は生まれつき心地よいものが好きなので、生まれてすぐの赤ちゃんは甘いものが苦いものより好きで、怖い顔より笑顔が好きです。調和のある音が不協和音よりも好きです。人は生まれつきポジティブな傾向で心地よいものに魅かれます。人に備わっている健康で幸せであり続けようとする力です。

でも、いつもこんな状態になれる人はすごい！　ポジティブな人だけと思っていませんか？　実は、誰でもできる簡単な方法はあるのです。それは、

・楽しかったことを思い出す
・やりたかったことができたことを想像をする
・人に喜んでもらうことを計画する
・ジョギングなどで体を動かす

なーんだ、考えたり体を動かすだけでいいのか！　そうなんです。脳は、現実か想像かはあまりわかっていません。梅干しを想像したら唾液がでますね。

脳と体をコントロールする一番簡単な方法は、想像すること。

あなたが一番、簡単に考えられる楽しいことからで構いません。**元気になれることを想像**してください。ここで「どうせこんなことウソだし」と思わないでください。「これで脳が喜んで活性化していく。そして未来は変わっていく」と脳に教えてあげてください。そしてポジティブな状態になった脳で、これからあなたがやりたいことやめざしたいことを考えてみましょう。**やらなければ、ではなく楽しみながら頑張れること**を考えます。

難しい場合、やりたいことをやってはいけないという潜在的なブレーキがかかっているかもしれません。人から必要だと言われたことで、あなたが心からワクワクしないことであれば、脳は心地よく活性化しません。

誰かと一緒にめざす目標でも、自分のナビは自分で設定するとストレスの感じ方が違ってきて結果も出ます。自分の脳が喜んでいることに気付けるのはあなただけです。あなたが喜べることをインプットし、パフォーマンスを高めましょう！

6 「ストレスの原因は〝心の欲求不満〟を知るだけ！

あなたにとって幸せとは何が満たされたものでしょうか？　心が満たされている状態を具体的にイメージすることができますか？　『選択理論』を提唱する精神科医のウィリアム・グラッサー博士は人生における人間の基本的欲求として次の5つを挙げています。

【人間の5つの基本的欲求】
① **生存の欲求**・・・・身体的な欲求（睡眠、食事、安全など）
② **愛と所属の欲求**・・満足な人間関係（誰かと一緒にいたいなど
③ **力の欲求**・・・・・人から認められたい（貢献、承認、達成、競争など）
④ **楽しみの欲求**・・・新たな知識を得たい（ユーモア、好奇心、学習、独創性など）
⑤ **自由の欲求**・・・・自由のやりたいようにしたい（解放、変化、自分らしさ）

これらの基本的欲求が満たされることで、わたしたちは安心や幸福を感じます。優先順位はひとりひとり違いますが、**「理想と現実状態の不均衡」**がストレスの原因となります。例えば、「疲れているのに休めない」（生存の欲求）、「一緒にいたいのにひとりぼっち」（愛と所属の欲求）、「認めてほしいのに認めてもらえない」（力の欲求）という具合です。**基本的欲求と現実との天秤の傾きが大きい**ほど、葛藤も大きく日々の満足感や幸福感を感じられません。

ストレスの原因は、ほぼ「人間関係」と言われます。ネガティブな感情が引き金となりさらに人間関係が悪化、さらなるストレスの原因になります。もし、自分の要望を通して欲求が満たされても、そのせいで周囲と関係が悪くなると、今度は愛と所属の欲求が満たされません。もしこれがあなたではなく誰かが我慢しても同じです。

そこで、望んでいる状態に近づけるにはどのような行動をすればよいのか（何を選択すればあなたの基本的欲求に近づくか）を考えてみましょう。

あなたの基本的欲求は変えられるものではありません。同様、誰かの基本的欲求も変えることはできません。これが**「人を変えることはできない」**理由です。

変えることはできなくてもお互いに**「満たす」**ことはできます。欲求を満たせる方法を一緒に考え、選択しながら実践していくことで、葛藤をかなり減らすことができます。

幸せを選択できる生き方とは、相手を**理解**しお互いの欲求を**尊重**しながら**一緒に着地点**をめざす生き方です。この作業は、**信頼関係をベースにした良好な関係性**そのものです。

みんなそれぞれ異なる欲求を持っています。すべて納まる方法が見つからないときは、我慢が必要なこともありますが、我慢にはしたほうがよい我慢とそうではない我慢が

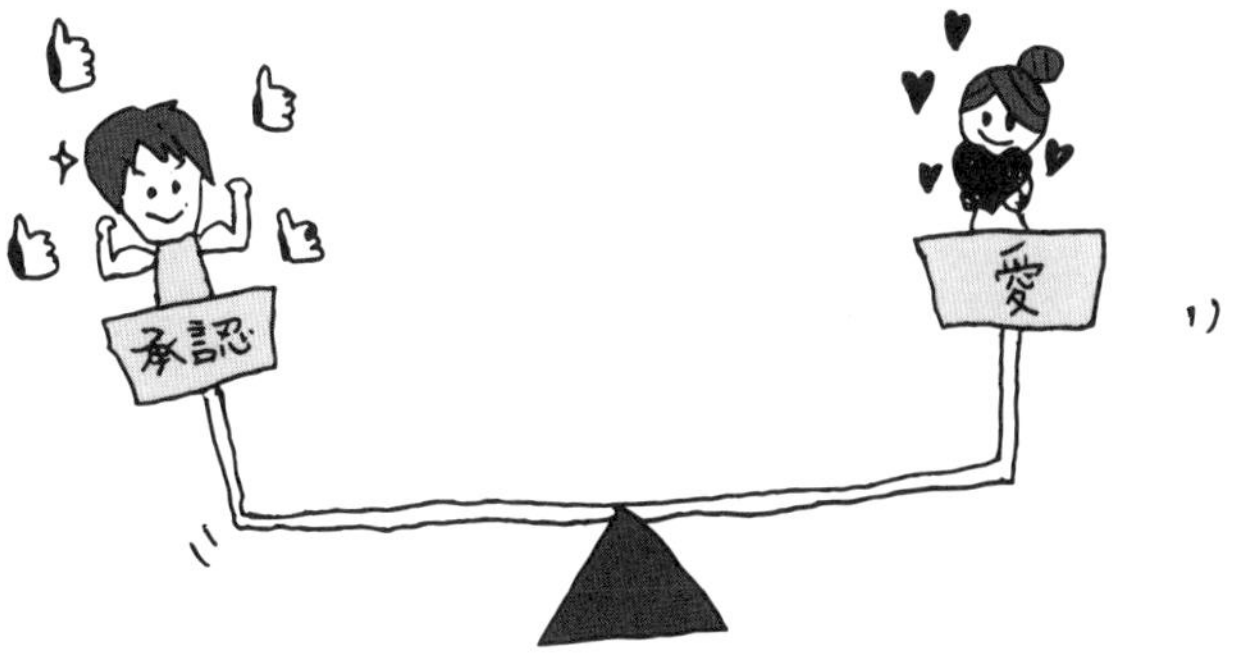

あります。頑張っても大丈夫な我慢かどうか、誰かに相談しながら振り返ることも大切です。

自分の基本的欲求が満たされているかどうかの確認は、次のように行います。

① 理想の基本的欲求に**具体的な人物**を入れてイメージします。
② 現在の状態と理想のイメージとの間に**ギャップ**はありますか？
③ 半年後、1年後、3年後、5年後、未来にその**理想に近づいて**いけそうですか？

現在のあなたの満足度が見えたところで、理想の基本的欲求が満たされた世界、「上質世界」について見ていきましょう。

7 「自分の上質世界」を知るだけ！

選択理論では、基本的欲求が満たされた理想の世界を**「上質世界」**と言います。

上質世界はあなたの5つの基本的欲求を満たし、幸福感と満足感をもたらすものです。

あなたが上質世界に気付くヒントとして、いくつか質問します。

「あなたは、何に喜びを感じますか？　何を我慢するのが辛いですか？」
「未来の現実を、言葉だけでなく、映像で鮮明に描いてください」
「ドキドキ、ワクワクの感情の体験を具体的な映像で描いてください」
「なるべく多くの登場人物を描き、あなたとの関係性もイメージしてください」

もしもうまく描けないなら、夢を描いても仕方ない、人生は思い通りいかず我慢するものと思っているかもしれません。しかしあなたが意識しているいないにかかわらず、欲求が満たされていないと**潜在的な欲求不満（ストレス）**を内包していることになります。

脳は将来の**自己イメージをエネルギーに活動**しています。上質世界をイメージする習慣を普段から身につけていると、変化や困難があったときに進むべき方向を感じてチャンスを逃さず大きな決断ができるようになります。また、本当の欲求を知っていると、うまくいかないときの原因がわかりやすくなります。

イメージがうまく描けない場合にモデルケースをもつことを勧められますが、次のようなメリットとデメリットがあります。

モデルケースをもつ「メリット」
・イメージがしやすい。自分の基本的欲求を深掘りする必要がない。
・上質世界の張り替え（予定変更）が簡単。

モデルケースをもつ「デメリット」

・能力も環境も性格も異なるので、固有の特性を発揮しづらい。
・うまくいかないとき、自己嫌悪になりやすい

部分的に参考にするのはいいのですが、あなたの幸せはあなたの心の中にある、**基本的欲求を満たすもの**であって、**他人の生き方の中にはありません。**

まずあなた自身の欲求に気付くことが大切です。我慢しなくて構いません。人に憧れる必要もありません。憧れるべきは他人ではなく、あなたが描いた**将来の自分の姿**にです。そこにも**人との比較は不要**です。

今から足りないと思うものを補えばきっと実現できます。あなたが生きたい方向を知ってさえいれば、あとは脳と体がサポートしてくれます。

また、脳に対して指令を送るだけでなく、**何が得意か聞いて**あげましょう。小さい頃から好きだったこと、人から褒められたこと、ずっとやっていても飽きないことなどにあなたがイキイキすることのヒントがあるかもしれません。

コラム3

幸せな人は「自分磨き」をしていない？

「幸せになりたい」と願って、お金と時間を費やしてがんばる「自分磨き」。ところが、自分のためだけに使う時間が長い人ほど**幸福感が薄くなる**ことが研究の結果わかってきました。がんばっていても逆の結果を招いてしまうのはなぜでしょうか？

自分磨きと言っても、自分が心地よいことをやっているのは自分の欲求を満たしているのと同じ。このタイプの欲求充足が体に悪影響があることは前述のとおりです。自分を高めようとすること自体は良いことですが、あなたの本当の魅力は、さまざまな**人との出会いや困難に挑戦した経験**から紬ぎ出されます。愛されるためのセミナーや見た目を磨くことからではありません。

もちろん困難にひとりで耐える必要はありません。ひとりで頑張れる人をめざすより、人とうまくやっていけることをめざす方が本当の幸せがあなたを待っています。ひとりの自分磨きより、誰かと一緒に幸せをめざすことで感じる幸せが心地よいことは、体の反応が教えてくれています。

もちろん、自分が好きなことを楽しむのもいいことです！　そのときはわざわざ「自分磨き」などと言わず素直に「楽しみでやってます！」と言ったほうが変な力が入っていなくて魅力的に感じます。

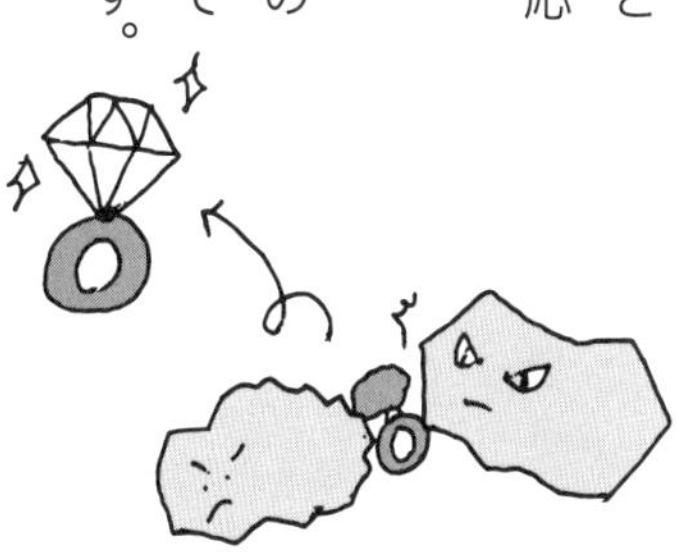

8 「やりたいモードを味方につける」を知るだけ！

頭ではやらねばとわかっていても、なかなか体が動かないことって、ありますよね？　本当はやりたくないと、行動スイッチは入りません。そんなとき、「自分はどうしてこんなこともできないんだ！　ダメ人間だ！」と自分を責めてはかわいそう。自分で自分を攻撃していることになります。

ただの根性論は、プレッシャーにはなっても、脳が快モードではないので本来の能力が発揮できず、結果が出なかったときも「気合が足りなかった」で終わってしまうので、本当の理由を分析しないため改善や成長につながりません。

では、行動スイッチが入らないけど、どうしてもやらなくてはいけないときどうしたらいいでしょうか？　いちいち人生の目的なんて考えていたら一日が終わってしまいます。

そんなとき**「とにかく動ける3つの方法」**をお伝えします。

1つめは、頭で**ごちゃごちゃ考えずとにかく動く。**「手足が勝手に動く～」と言いながら、自分があやつり人形になった気分で動きはじめます。

2つめは、楽しみがあるほうが脳にスイッチが入るので、これが終わったら美味しいパンが食べられるとか、誰かに喜んでもらえるとか、**終わってから嬉しいこと**を見つけます。あるいは目標を「今すべき」から手放し、「明日を良くするため」に切り替えます。

3つめは、**本能が喜ぶこと**からはじめます。最大の本能の行動は何でしょう。それは**「トイレ」**です。さっぱりします。次に歯を磨きます。口の中がさっぱりすると顔や体もすっきりしたくなるので、時間があればシャワーを浴びると爽快な気分になります。きれいになると気持ち良いモードで、気になっていた机の上をちょっとだけ片付けると今まで気付かなかったホコリが見えて拭きたくなり……。

この一連の行動は、「すべきモード」ではなく、**「気持ちいいからもっとやりたいモー**

ド」でやっています。このモードで人が動くとき、脳は快スイッチが入り、苦労せず動きはじめることができます。

> ✕：今やらないとダメ。↑脳の快スイッチOFFのまま↓すごい努力が必要。
> ◎：頭で考えず、体が勝手に動く感じ。↑脳の不快スイッチは入らない。
> ◎：明日をいい日にするため。↑脳の快スイッチON↓楽にできる。

トイレという普段の行動を例にしましたが、どんな大きなタスクでも原理は同じです。できることからはじめて**「嬉しい↓もっと！」**の連続で、次のタスクが心地よくなります。

「今やらねばならない」そのものが目的になると、ますます動けなくなるので気をつけましょう。

これは人に何かをしてほしい場合も同じです。

もし誰かにがんばってほしいとき、どう伝えたらいいでしょうか？

「怠けてはいけない」と言うと**「すべきモード」**を強めてしまいますが、「あなたががんばってくれることを期待しているよ」と伝えることで相手は**「やりたいモード」**の活動になります。

もし、嘘をついてほしくないときには「嘘をつかないでね」と言うより、**「嘘つきにならないでね」**と伝えるほうが約束を守ってもらえるというデータがあります。行動を否定されることより、人柄を否定されることを脳は避けたいからです。

行動は、義務化やルールにするよりも**「やりたいの力♪」**で楽にやるほうが、良いパフォーマンスが出せることもわかっています。

あなたオリジナルの「やりたいの力♪」スイッチ、ぜひ見つけてください！

9 「本当のストレス耐性とは〝変換力〟」を知るだけ！

同じ出来事を経験してもそれをストレスに感じる人とそうでない人がいます。その違いは何でしょうか？　出来事はわたしたちの五感（目、耳、鼻、触覚、味）にまず「情報」として脳に入ってきます。そこにまだ、良い悪いの意味付けはありません。

過去の経験から、あなたの感情や解釈による意味付けがされて、その後の心身への反応と思考になります。あなたの**反応や思考は過去に経験した学習の結果**です。

・過去の事実は変えられませんが、その意味付けは変えられます。
・過去の自分は変えられませんが、未来の自分は変えられます。
・過去の意味付けを変えると、未来も変えられます。

これまでの学習から新たな発想の転換やポジティブな行動化が身に付いた人は、マイナスの出来事をプラスに変換するのが得意です。どんな出来事もプラスに変えることができると考えると、困難な課題に直面しても不安や恐怖を感じることが少なく、安定した気持ちで問題解決に取り組めるため、実際に良い結果が出やすくなります。

一方、同じ出来事にもネガティブな反応（嫌い、避けたい、意味がない、めんどくさい、損だ）をすると、脳はその活動を避ける方向に働くので、しなくてもよい言い訳を考えたり、身を守るための反応や行動をとろうとします。

場合によってはそれが正解のこともありますが、それが人生を通しての思考と行動パターンになってしまいます。

何か出来事が起きたとき、2種類の変換がありますが、それぞれに作用しているのは次のような力です。

「ポジティブな変換」

客観的認識力・逆転の発想力・ゼロベース力・願望力・利他力・発展的思考・調和的思考・適度な自省と改善心

「ネガティブな変換」

他罰的・運命論的・他力本願的・自己否定的・保身的・搾取的・不変的・過度な自省と諦め

「ストレス耐性」と聞くと、ストレスに我慢して耐える力という印象があります。しかし本当のストレス耐性とは、**出来事をプラスに変換できる能力**のこと。発想がすでにプラスの出来事になっているので我慢はしておらず、ストレスという認識になりません。同じことが起きてもストレスに感じないのはお得なストレス対策です。

また、**「ストレスを溜められる能力」**というのもあります。忍耐強く努力する良い面があり、このタイプはしんどくなるまで溜めすぎず一定量以上にならないよう**上手くリリース**することが大切です。人に相談したり周囲の意見も参考にしながら自分の理想を追求できるようになれば、クオリティの高い仕事をすることができます。

本当のポジティブ思考とは、ネガティブな情報を見ないのではなく、むしろ危機意識を持ちながら、柔軟に流れを読みつつ理想をめざすこと。課題に気付く感性と解決への欲求のバランスの良さのことです。ただ楽観的な見通しをすることではなく、**出来事をプラスに変換できる行動につながる考え方**のことです。

予測が難しい変化の多い時代では、社会だけでなく個人も変化することが求められます。変化をポジティブに捉えられれば、やりがいや目標を持って進むことができます。

【ポジティブ思考に必要な3つの力】
・将来を予測するための**「流感」力**
・理想を追求するための**「概念化」力**
・完璧をめざすための**「大局感」力**

そうは言っても、誰でも思いどおりにいかずネガティブになったり、イライラしてしまうことがあります。そんなときは、少し立ち止まってこの【ＣＯＯＬ!! オトナの７つの心得】を思い出してください。気持ちが楽になり冷静になれると同時に、ポジティブな気持ちに切り替えることができます。うまくいかないときも、人とうまくやっていけるよう自分をコントロールできるかっこいいオトナをめざしましょう！

【ＣＯＯＬ!! オトナの７つの心得】

１：事実はひとつ。でも、世の中に絶対の正解などない。
２：人を変えようと思うのをやめると寄ってきてもらえる。
３：答えは自分が知っていると思うのをやめると人に優しくなれる。
４：否定より受け入れることから人は成長する。
５：世の中は、関係性と反応でできている。
６：自分の人生は自分で変えられると思った瞬間、障壁はなくなる。
７：無駄な出来事はないと考えたとき、すべてが学びに変わる。

10 「〝感情〟は変えられないが、〝思考〟と〝行動〟は変えられる」を知るだけ！

「あなたは、自分の感情を変えることできますか？」と聞くと、多くの人は、「そりゃできるよ自分の感情なんだから！」と答えます。

しかし、腹が立ったとき、とりあえず怒るのをやめても本当に怒りがなくなったわけではありません。怒りを抑えているだけです。このように、人は直接、感情を変えることはできませんが、思考と行動を変えることで感情を変えることはできます。

感情を司っているのは大脳辺縁系で**「感情脳」**と言います。感情脳での喜怒哀楽の反応によって脳のホルモン分泌が変わります。怒りや危険を感じると**扁桃体**が、幸福や喜びを感じると**前頭葉**が活性化します。

怒鳴ることだけをやめても感情として怒っていれば、扁桃体が反応したままなので心身の負担になる**コルチゾール**が出続けます。表に出すのを抑えても、脳内の反応が変わるわけではありません。表に出さず我慢して抱えていると、ますます深刻な袋小路状態に感じます。

ただ抑えるのではなく、負の感情が本当になくなる方法を考えてみましょう。2つご紹介しますが、1つめは**行動から感情を変える**パターンです。

もしあなたのそばにいる人の態度にイライラしたとします。そこで、その人に向かって怖い顔で文句を言うのか、好きな音楽をイヤホンで聴き、きれいな景色を眺めながら心地よく過ごそうとするかは、**自分で選択**することができます。

2つめに、**思考から感情を変える**パターンです。

あなたに怒鳴ってくる人がいるとします。そんなとき、その人が怒る気持ちになっている**背景や理由に意識を向ける**と、原因はその人自身だけの問題や1つの理由だけでなく、あらゆる背景や事柄が絡んで起きていることがわかります。

すると、その人への怒りは収まり、仕方がないという許しの気持ちや、この人の怒りはどうすれば楽になるのか？　どのようにこの**事態に対処**するのが良いのか？　自分にできることがある？　などと考える間に、不思議とマイナスの感情が減り、あなたの脳がプラス思考になっていきます。「犯人探し」ではなく「犯因探し」を意識することがポイントです。

人との信頼関係を築きたいときは、**理屈より「気持ち」**で考えたほうが**オキシトシン**がよく働きます。

気持ちだけでは現実の問題の解決が難しい場合は、ベースに心がある上に論理的な思考で解決していきます。

このように、**自分の感情をうまくコントロール**しながら**事態をよくする方法を身に付ける**ことで、感情的にゆさぶられることが減り、結果的に人間関係でストレスを感じにくくなります。そして、もしトラブルが起きても解決していけるという自信がつくと、不安な出来事を避けようという気持ちが減り、**前向きに挑戦できる**ことが増えていきます。

このような対応力を発達させることが、豊かで幸福を感じる人生のための**心の財産**となるのです。

コラム4

おそるべし主婦パワー！

弊社のスタッフは全員、子育て真っ最中の主婦と、高い専門スキルをもった在宅勤務で働く女性です。彼女たちからは生活と仕事のバランスを保ちながら、できる限りチームのメンバーに貢献しようとする、優しくもパワフルなエネルギーを感じます。

時間の制約や子どもの病気などの急な予定変更もありますが、不測の事態を想定した日頃からの業務分担が、結果として高い予見力と調整力そして連携力になっています。お互いに無理がきかないこともあるので「お互いさま♪」が自然な感じです。育児で培われた受容性、行動力、効率性、危機回避能力は仕事でもとても大切な能力です。

お迎えを待っている子どもの顔を思い浮かべると、「何がなんでも時間内に終わらせなければ！」とものすごい集中力も出るようです。家族を大切にしようという心があるからこその、オキシトシンパワーでしょうか！

わたしが最近嬉しいのは、みなさんどんどんきれいになっていくことです。子育てだけでも大変なのに仕事なんて！　という方も多いと思いますが、無理さえしなければ、仕事を通して自分の世界を広げることは、子育てや長い人生においてプラスも多いと思います。

限られた時間を味方につけることで知恵と工夫が生まれ、プラス思考にもなれます。時間の問題はひとりでは解決できませんが、補完しあうことで解決できます。

家庭も自分も大切にする女性が、ますます活躍しやすい社会になりますように！

11 「『闘争・逃走』を『通そう』に！」を知るだけ！

わたしたち人間は危機を感じるとき、本能で備わっている「闘争・逃走反応」によって放出されるストレスホルモンによって一時的に身体機能を最大限に発揮させることができます。しかし心身には大きな負担となり、現代社会でも日々の出来事で常に闘争・逃走反応を起こしていてはストレスホルモンで心身がまいってしまいます。でも権力をふるってくるゴリラのような上司には、闘争か逃走反応しかないのでしょうか（笑）

そこで、現代におすすめの「トウソウ」反応があります。それは**「通そう」反応**です。あなたの人生の中に「その経験を通してみよう！」という発想です。

どんな出来事もあとから**「あの経験を通して」**と言えれば、あなたの成長の糧になったということです。実際に経験を通して学べますし、ストレスを感じにくくなります。

今思えば、わたしの30代は問題だらけ。解決の糸口も見つからず、まさしく闘争と逃走を繰り返す日々。がんばっても考えても出口が見つからず……。

そんなある日、ふと**「問題解決を楽しむ」**という言葉が頭に浮かんで、パソコンのスクリーンセーバーに設定してみました。一日に何度か「問題解決を楽しむ」の文字が黒いディスプレイの中でくるくる楽しそうに回りました。パソコンが励ましてくれている気がしました。かなり疲れてますね（笑）

自分の人生にこの状況を「通そう」という発想から生まれた言葉ですが、この瞬間、根拠はありませんが、**突破口**は必ずあるというか、いつか良い日がやってくるという希望をもてました。

問題から目をそらすのではなく、あきらめるのでもなく、「解決を楽しむ」という発想から何かが変わったあの不思議な経験から15年。あの瞬間がターニングポイントだった気がします。

当時、家庭菜園をしていた母が、「かぼちゃは水をあまりあげないほうが甘くなる」と言っていたのを聞いて、自分も中身の濃い人間をめざしたいと思い、**「かぼちゃ人間になりたい」**とブログに書いたのを覚えています。

欲求を抑えるのではなく、**あとから良いことが待っている、と期待するのも一種の欲求**です。人はその気になれば何からでも希望を持つことができます。

出来事を自分の人生に通してしまい、未来にきっと待っている幸せのため、今の苦労が将来の幸せ貯金だと思えれば大丈夫。ちゃんと回収してからでないと、くやしくて死ねませんが！（笑）

コラム5

苦難を乗り越えた能力は遺伝する!?

親が苦難を乗り越えて獲得したストレス耐性や生き残る力は、子や孫にも引き継がれることが、京都大学の研究チームの線虫を使った実験で確認されました。

実験では、数日間ストレスを与えた線虫と、与えなかった線虫とを、害のある溶液に浸し、何日間生き延びるかを比較しました。

ストレスを与えた線虫は、与えていない線虫よりも、**寿命とストレス耐性が20%増加**しました。さらに、その**子や孫**を調べると、ストレスを与えずに育てても、**寿命と耐性が10～20%増え**ていました。

研究チームは、環境への適応力を子孫に継承する種の生存戦略が人でも起きているとすれば、訓練や勉強によって得た能力が子に受け継がれるかもしれないと考えています。

お腹の中にいるときお母さんが何かと闘っていた人は、男性ホルモンである「テストステロン」を多く浴びているそうです。また、テストステロンを多く浴びると男女問わず、薬指が人指し指より長く、いわゆる、男性脳の傾向があると言います。

大変な経験も、大切な子どもや孫のために苦難を乗り越えていると思うと勇気がわいてきますよね。この苦労が、次の世代で身を結ぶかもしれないのですから！

12 「ネガティブな人ほどポジティブになれる!?」を知るだけ！

自分はネガティブだと思っている方、性格だからポジティブにはなれないと思っていませんか？　実はそんなあなたこそ、ポジティブになれるのです！

根拠なくネガティブに意味付けすることを**「漠然とした不安」**、理由もなくポジティブに意味付けをすることを**「根拠のない自信」**とするなら、どちらもその**原動力は想像力**です。とすると想像の方向性を変えれば、ネガティブな人もポジティブになれるということです。

ポジティブな思考パターンでは、「なんでこんなにうまくいく？」というストーリーを作ります。事実であれ想像であれ、みんなで幸せになる方法を考えることはあなたの体にも周囲の人にも健康的です。想像（妄想）の世界であっても、幸せホルモンの**βエンドル**

フィンや**オキシトシン**が出るので、前向きな発想で明るい展望になります。

一方、ネガティブな思考パターンになると、何でも悪い方向に結びつけてしまって、「どうしてそうなるの?」とつっこみたくなるくらい大変なオチにしてしまいます。

それが想像であったとしても扁桃体は反応します。するとあの「闘争・逃走反応」によって柔和な対応ができなくなります。保身的になったり周囲に攻撃的になったりします。

表に出さないようにと思っても、怒りや不安の感情は相手に伝わってしまい、そうなるとうまく支援を求めることが難しくなってしまいます。

実はどちらも同じ情報に対して自分が意味付けをして、ストーリーを作り、心身への影響を発生させていてどちらも同じ想像力によるものです。

ところが、何でもハッピー、ハッピーに考えれば良いというものでもありません。注意したいのは、**ポジティブ思考の押しつけ**です。特に日本の社会では〝明るく、元気に、はきはきと！〟を若い人に求める風潮があるように思います。

一律なポジティブさを求める人は、これまで成功者に思われるよう社会に対して頑張りを見せて生きてきた人が多く、否定されることへの不安や警戒心が強く、自分と違うタイプの人を否定しがちです。一見ポジティブに見えて、実はネガティブにあたります。

また、いわゆる**「内向的性格」**と**「ネガティブ思考」は別のもの**です。内向的性格の人は、人の気持ちを大切にしながら危険を予測したり、責任のある堅実な仕事や役割に長けています。

不安に思うこと自体が悪いわけではなく、「不安」を感じる人ほど、安全でクオリティの高い仕事を追求することが多いのです。

本当のポジティブ思考とは、**さまざまなタイプの人と一緒に協力**しながら、将来起きるかもしれない出来事に対して**対処法を考え乗り越えようとする思考、好転させようとする心の動きと行動**のことです。

ポジティブ思考の源泉が受容をエネルギーに変える勇気にあると、幸せなポジティブ思考として共存できるのではと思います。ひとりひとりの特性をお互いに尊重し理解し合える、本当のポジティブ思考の社会になればと思います。

コラム6

見えない星のすごさ

２０００年前後のＩＴバブル真っ只中にわたしは貴重な経験をしました。創業間もない赤字のベンチャー企業でも、ビジネスモデルがあれば上場できるということで、初めて会う社長同士が握手して「win-winですね！」といい何千万円の投資が決まる不思議な時代。

自分にもチャンスが巡ってきたと思い、以前から実現したかったあるコトに挑戦しようと思いました。遠隔のユーザーが仮想空間で一緒にゲームやショッピングを楽しみながら、ＡＩもどきでギフトを提案し、自分のアバターが相手のアバターにギフトを手渡すと、翌日、本当にギフトが手元に届くという「ハートギフトワールド」。会えない人同志をつなぐ空間を、バーチャルの世界で実現できればと思いました。

しかし、当時のネット環境はまだ一般の電話回線で、ジーコロコロといいながらトップページを開くにも数分かかるような時代。このような仮想空間がうまくいくわけがありませんでした。

わたしは財産であるヒト、モノ、カネを失い、再び一人ひとりのお客さまに丁寧に向き合う大切さに立ち返って、出直そうとギフトショップの運営を続けました。

そんなある日、この歌の歌詞がわたしの胸に飛び込んできました。

《名立たるものを追って　輝くものを追って　人は氷ばかり摑む……》

これは、中島みゆきさんの『地上の星』の一節です。NHK総合テレビ「プロジェクトX～挑戦者たち～」の主題歌ですが、まさにITバブルのときの自分のようだと思いました。

《地上にある星を誰も覚えていない　人は空ばかり見てる
つばめよ高い空から教えてよ　地上の星を》

番組プロデューサーの今井彰さんから、企業で苦労している無名の人たちに光をあてる歌を作ってほしい、という依頼を受けたときに、中島みゆきさんは、

「その人たちに光をあてるのではなく、光を放っているのはその無名の人たちではありませんか」

とおっしゃったそうです。

華やかな成功をしなくてはと思い込んでいたわたしにとって、この歌詞との出会いで価値観が大きく変わることになりました。

いろいろご迷惑をかけてしまった反省を込めて、今後みなさんが健康と幸せになれる職場作りと、何かを乗り越えて頑張っていこうとするみなさんが、いきいきと輝けるサポートができるよう取り組んでいきたいと思います。

13 「柔軟性と優柔不断の違い」を知るだけ！

最近の企業での採用基準では**「柔軟性」**が重視されているようです。ここであらためて、「柔軟性」と「優柔不断」の違いについて考えてみましょう。

心理学的には年齢を重ねるごとに柔軟性が増すと言われています。豊富な人生経験によって自らの人生観が確立してくると、自分の考え以外も受け入れる心の余裕ができ、柔軟に適切な判断ができると言います。ところがどの世代にも、柔軟な人も頑固な人もいて、こだわっている点が違うだけのような気がします。その違いをまとめると、

- 軸がなく考え方自体が変わるのは「優柔不断」
- 軸はぶれず、対応が変わるのが「柔軟性」
- 軸はあるけど、他の考え方を受け付けないのは「頑固」

年齢関係なく若々しい人は、**好奇心が**旺盛です。好奇心があると、自分と違うタイプの人や年代の人と接したいと思います。これは、新しい**環境への適応**や良好な**関係の構築**にとても大切なことです。好奇心があれば自分への忠告さえ聞きたいと思うので、良好な関係性も保つことができます。

柔軟性と好奇心が健康と幸福につながる理由として、

・批判を受け入れられる↓自分の成長につながる！
・様々な角度から考えられる↓解決方法がうかぶ！
・一律でなくても気にならない↓ストレスが少ない！
・はじめてのことに興味がわく↓何でも楽しめる！

柔軟に流れを読みつつ理想をめざし、軸はありながら柔軟性があるイメージの柔軟性と好奇心は、いくつになっても**経験を成長に変える幸福変換器**です。

若い人もきっと、人生の先輩から、お説教や自慢話で

はなく柔軟さを学べればと思っています。世代を超えてお互い素敵な関係を築きたいものですね。

もうひとつ、質問です。あなたにとって**「辛抱強い」**はどちらでしょうか？

A：自分を抑えること
B：柔軟性があること

実はこの答えで、あなたの感覚が日本人的か欧米人的かわかります。

Aと答えたあなたは、日本人的な感覚の持ち主です。日本では周りとの調和を重視するので、**「相互協調的自己観」**を良しとする文化なので**「辛抱強い＝自分を抑える」**ことなります。

Bと答えたあなたは、欧米的感覚を持っています。欧米では他者から独立しながら物事を受け入れる**「相互独立的自己観」**を良しとする文化なので**「辛抱強い＝柔軟性がある」**になります。

自立と協調はどちらが良い悪いということでなくどちらも大切で、どちらかに極端に片寄ると問題が生じます。日本社会では協調性を求める風潮がありますが、**自立している上で周囲と調和ができる**ことが大切です。自分がなく、ただ周囲に合わせることは本当の協調ではありません。

自然な形成順は、**「自立（人生観の確立）」**↓**「他者を受け入れられる」**↓**「協調」**です。自分の足で立っている感覚が心の安定にもつながり、その心の安定が心の余裕となり、周囲と相互支援ができるようになります。〝周囲に合わせること〟がコミュニケーション力ではありません。

「あの世代はコミュニケーション力がない」という言い方は、相手に合わせてコミュニケーションをとるつもりがないと言っていることと同じです。世代によって、コミュニケーションの方法や相手に求めることが違うことを理解し、柔軟に相手に合わせて対応しようとすることがコミュニケーションです。つまり、相手の気持ちをわかろうとする気持ちと、お互いに**伝え方を工夫しながら実践できる能力**がコミュニケーション能力なのです。

コラム7

仕事と優しさの両立

2000年のITバブルが崩壊後、わたしがMBAを学ぼうと思ったのは、何が一番失敗の原因だったのかを知りたかったからです。苦手なアカウンティング（企業会計）で正しい戦略を立てていればよかったのか？　もっと大切なものは何だったのか？　を知らなければ次のチャレンジができないと思ったからです。

当時のMBAの講義で覚えているのは、株主利益のための高収益事業のための「選択と集中」が大切と聞いたこと。そして複数の戦略案の中から最もリターンが高くかつリスクが低いものを選ぶことが正解でそれが企業価値を高めるという話。

人的資源については、欧米で行われている成果主義をベースとした達成目標へのコミットメントからのモチベーションを学びましたが、いわゆる職場環境の人間関係や健康問題、メンタルヘルスについてはテーマに出てきませんでした。

ＭＢＡ取得後、さっそく学んだことを試してみようとギラギラしていたある日。ある女性スタッフの個人の掲示板にあった一言、

「愛がほしい」

という言葉を見つけました。本人に聞いたわけではありませんが、自分へのメッセージのように感じました。

〝ＭＢＡでビジネスの理論は学んだ。でも、何か足りないものがある〟

あれから20年、このことを意識し続けてきた結果わかりました。仕事で感情を大切にすると、結果が出せない？　いいえ、感情はとても大切です。生産性と優しさの両立はできない？　いいえ、両立こそ、どちらも好循環に向かうあり方だということ。

「優しさと業績の両立」は不可能ではなく、今後、これができる企業でなければ、社会の中での役割を果たしていくことができないと思います。従業員の幸せを願いながら、事業がすすめられるように**組織をコーディネートする**ことが、企業に求められる社会的責任の時代になりました。これから、「ＳＤＧｓ」(Sustinable Development Goal s）を大切にする経営は、企業の使命だと思います。

今のわたしにとって「ＭＢＡ」は『めっちゃ　ビジネスに　愛を！』の略になりました。そして愛情をベースにした経営、オキシトシン経営ならぬ「愛情経営」がこれから社会で増えていくことを願っています。

14 「人生の運転手はあなた」を知るだけ！

車はまもなく、自動運転の時代になろうとしています。しかし人生の運転はそういうわけにはいきません。人生が安心と感じられるかは、自分で運転している感覚があるか、自分の**人生の主導権**をにぎっていると感じられるかによります。

さてあなたは「A」と「B」、どちらが考え方に当てはまるものが多いですか？

A
・自分の人生は誰かに決められている
・人に感情を左右されることが多い
・誰かを変える必要がある
・相手が変わってくれると思う

・B

・自分の人生は自分で選択している
・感情も自分で選択することができる
・他人は変えることはできない
・自分が変わるほうが簡単だ

「A」と「B」、どちらのタイプがストレスを感じにくいでしょうか。答えは「B」です。

「A」は、**主導権が本人ではなく他者**にあるという考え方です。自分も人を変えようとしたり、人からの目が気になるのでストレを感じやすくなります。人から**左右されると思うとその不安や嫌悪感**から、自分に賛同しない相手を敵とみなすため**扁桃体が過敏になりますます人からの言動が気になり**ます。

一方、「B」は**自分の人生の主導権は他者にはない**ことがわかっているので、人からの

影響を受けにくく、不安を感じることがあまりありません。

また、すべての人にも同じく**自分で選ぶ権利**があると考えるので、相手の気持ちをしっかり聞いて、**個人の意思を尊重**するので、人間関係も潤滑にいきやすくなります。

【自分の人生は**自分で選択**していると考えるメリット】

1 周囲のせいにしないので、**良好な人間関係**を築きやすい。

2 人から変えられるかもしれないという**「不安」が少ない**。

3 他人も人生を自分で選択していると思えるので、**相手の意見を自然に受け入れら**れて、葛藤やストレスが少ない。

4 イヤなことがあっても、自分次第で**修正可能**と考えられる。

5 選択を迫られる場面で具体的な**解決策**を思いつきやすい。

6 先行き**不透明感が少ない**。

どれもいいことばかりですね。まさにこれと逆の状況がストレスの要因となるのです。

いざというときに自分で選択できるという**自己コントロール感**があるかどうかは、物事の受け止め方や対応するときの気持ちの上で大きな違いとなります。

車と同じように運転が上手な人にお願いしたほうが安心と思う人もいるかもしれませんが、人生の方は上手下手より**自分のペースで進んだり休んだり**できるほうが不安は減らせます。

人生の運転も、もちろん安心運転にはスキルも必要で、適切なブレーキやハンドル操作の自信がつけば、**新たなチャレンジが怖くなく**なります。

そして何より、**自分の好みの車**を自分の手で運転するから楽しいのです！　危険を恐れてずっとブレーキを踏み続けていては新たな人との出会いの機会までなくなってしまいます。

また、どんな人も自分以外の車は運転できません。自分の車がそうであるのと同じように、たとえ親子や夫婦であっても子どもの車であっても、**運転手は本人**だからです。ただし同乗はできます。誰の助手席に乗って同じ風景を見たいかは選べます。

そして注意したいのが、他人に左右されない生き方というのは、自分の考えを押し通すことではないということです。自分の手で運転するというのは、誰にも相談せず好きに運転することではなく、あなたと周囲の人が幸せを感じながら生きられるようあなたがしっかりと**責任をもってハンドル**を握り、いざとなれば**コントロール**できる安心感のことです。

誰かに任せたり進むことをあきらめるのではなく、なんとか実現しようとする道程で人は成長し、謙虚になっていけるのです。目的地と行き方はあなた次第。ガス欠や事故にならないよう睡眠、食事、運動など健康管理には気を付けて、楽しみながら運転しましょう！

コラム8

起業の理由

家庭にインターネットがやってきた1990年代後半。ネットで買い物ができるようになると聞き、一台のPC98をリビングに置いて在宅起業しました。出産のため勤めていた企業を退職し、専業主婦がはじめた、いわゆるSOHOというやつです。

次男がお腹にいるときに準備をはじめ、開業したのは生まれて2カ月のときでした。なぜこの時期にと聞かれますが、将来何かあっても、自分の手で子どもを育てられる人生にしておくのが安心だったからです。子どもがいたからこそ自分のペースでできる仕事を作りました。

当時、出産祝いをいただいたお返しを自宅で注文できて、メッセージカードとラッピングで届けてくれるサービスがあったら便利だろうという体験から、インターネットギフトショップを立ち上げました。

遠距離恋愛のカップルや遠く離れた家族の記念日をつなぐ仕事は、ＩＴ系というよりも、お見合いおばさんの気持ちでした。

創業した１９９８年はまだＷＥＢショップが数えるほどしかなく、日本初の記念日通知サービスと翌日にオーダーメードギフトが届くＥＣショップと主婦ベンチャーというキャッチのおかげか、当時のネット系の雑誌やメディアには数多く取り上げていただきました。

急ぎのご注文で翌日の記念日にもお届けしたかったので、３６５日休まず、開業から15年間３万人以上の方にギフトをお届けしました。

開業の翌年の５月の母の日は注文が殺到してフラワーアレンジを一日５００個発送して人件費が膨らみ結局赤字になってしまったり、花を準備しすぎて残してしまった年は、当時幼稚園だった息子たちと一緒に母の日アレンジをワゴン車に積んで、道行く方に買っていただいたり、今となってはすべてが楽しい思い出です。

わたしの祖母は、戦後に生まれて間もない2人の男の子を病気や事故で亡くしてしまいました。3人めとなる母を授かりましたが、いろんなプレッシャーから、今でいう「産後うつ」になってしまいました。

当時は一度病院に入るとなかなか出ることが難しく、49歳の若さでガンでこの世を去りました。祖母の病室のカレンダーの裏には鉛筆で書かれた「籠の鳥」の歌詞が見つかったそうです。親戚に預けられていた母も、祖母が亡くなって祖母のことを知ったそうです。母にこの話を聞き、一度も自分の手で子どもを育てることができなかった祖母の気持ちを考えると、とても胸が痛くなりました。

そんなこともあって、在宅で子どものそばにいながら仕事ができるしくみを作り、全国の主婦の方と一緒に運営しました。それぞれの得意を活かし、WEB担当、受注担当、ラッピング担当という感じで。そしてある精神科医と患者の方との出会いをきっかけに、この在宅勤務のしくみは、外に出られない障害者の方が得意を活かして働ける環境であることがわかりました。

その後、精神障害者の方の就労支援を経て、現在は企業のメンタルヘルス予防の仕事をさせていただいていますが、ギフトもメンタルヘルスも、人の心をつなぐ仕事ということでわたしの中ではつながっています。

このギフトショップは現在も大阪の精神障害者就労支援団体（ＮＰＯ）の運営によって利用者のみなさんの才能を活かしながら、全国のみなさんにギフトをお届けしています。

15 「みんな障害を抱えて生まれてきた」を知るだけ！

自分は悪いことをしていないのにイヤなことがあったり、誰かだけ得をしているように思えたり、世の中、理不尽なことだらけ。納得できないこと、自分の力ではどうしようもないことがあると気になって夜も眠れなくなりますよね。

でもこんな理不尽への怒りやこだわりの意識が、ストレスと健康そして生き方に大きく影響します。理不尽を感じたとき、強くこだわると排除しようとして**心に「敵」が生まれ**ます。理不尽というのは理由がよくわからないから理不尽なので、このよくわからない「敵」と戦うことは、あなたのエネルギーを必要以上に消耗させ心身にダメージを与えます。

すべての人は生まれたときから何らかの**「障害」を抱えて生まれ**ています。それは身体的や精神的な障害のことではなく、家族不和、貧困など社会的や経済なものを含め、まったく問題のない人はいません。すべてに満たされ恵まれているように見える人でさえです。それは、理不尽な思いをする人の気持ちが理解しづらいということです。

このように、理不尽はだれにでもあって、生きている以上必ず何度か対峙しなければならないときがあります。この〝見えない敵〟によって自分の望む人生が遮られていると考えがちですが、実は、それぞれ背負って生まれてきた障害を補う努力をする中で、人は**固有の成長**を果たします。他の人にはない**独自の感覚や能力**が身につき、それがあなた固有の強みになるのです。

何かにこだわり誰かを責めるのか。そして何かをあきらめるのか。実は**そのように考えてしまうあなたの心が本当の障害**なのです。

理不尽を敵とみなして怒りや正義感にこだわって立ち止まるより、ただのハードルと考えて先へ進む方法を考えるほうが明るい未来が待っています。そう考えることで感情も落ち着き、新しい発想や展開につながり、その理不尽な経験がきっかけで、**何かの役に立ちたいという考えが浮かぶ**こともあります。


もし理不尽があなたの目の前に現れたときは、

「お、おまえ理不尽か！　バイバイ!!」

と言って、あっさりおさらばしましょう！

コラム9

生い立ちは選べなくても、生き方は選べる

エピジェネティクス研究のパイオニアであるマギル大学のモシェ・シーフ教授は言います。人間含め自然界の動物は、生まれてくる社会的階級を想定してその環境で生き延びるためのプログラムがＤＮＡに刻まれ誕生してくるのだそうです。ということは生まれる前から、社会的な運命がある程度、定められているということになります。

しかし実際には、生後の母親との関わり方や生活環境によって、**遺伝の発現プログラムに変化**が起きるということもわかっています。たとえば親マウスに手厚く世話されたマウスは、大人になってからあらゆる疾患の発現率が低くなりました。

遺伝子には2つの層があります。古い層のほうの情報は固定化されていますが、**新しい方のエピジェネティクス層は、柔軟でダイナミックに再プログラミング**でき、自分の人生

をコントロールできるのだそうです。

エピジェネティクス研究でも、ＤＮＡだけで人生は決まるものではなく、遺伝子は生後の親子の関わり方や環境によって書き換えられると言います。

どのような健康状態で生活を送れるのかは、25％は遺伝子で決まり、75％は本人の生活習慣や思考で決まると言われています。遺伝子や環境を選んで生まれてくることはできませんが、今ここにあるすべてのものにまずは感謝して、プラスに活かしていけば大丈夫です。

あなたがどのような環境に生まれてきたとしても、自分が生まれてきた意味を考えながら、前向きな生き方を選ぶことはできるのです。

16 「幸せとは、自分が必要とされていること」を知るだけ！

近ごろ「レジリエンス」という言葉をよく耳にするようになりました。困難からの成長や回復力という意味ですが、「本物」のレジリエンスを味方につけるコツがあります。それは**「自分より大きな目標」**を持つことです。大きな目標とは、手が届かない目標のことではありません。人や社会の中で貢献したミッションのことです。

自分の満足という枠を超えたミッションへの達成欲求から突き動かされる目標かどうかで、同じ困難な経験でも**次の良い成長**につながるかの違いが出てくるのです。

日本語の「能力」は、英語では「ギフト／アビリティ／スキル」がありますが、キャリアを考えるとき**天職や使命は「ギフト」**（GIFT＝天賦の才能の意味）で、**職業は「アビリティ」**で、そして**実行のために「スキル」**を習得することを考えます。

「資格を活かして」と言いますが、本当は「アビリティやギフトを活かして」です。

資格やスキルを目標のマイルストーンにすることはよいのですが、それを人生の目標のように考えてしまうと失敗したときに「もう人生終わりだ」となってしまっている人を見かけます。

そんなときこそ、落ち込んでいる「本当の理由」を考えてみたり、この資格で何に貢献したいのか、働く目的は何かを考えるきっかけにすることで、だんだんあなた本来の力が発揮できるようになり、結果的にうまくいくようになります。

自分のためだけなく自分より大きな目標を持つと、ストレスを感じにくく自己効力感も高まりパフォーマンスが向上、その乗り越えた経験が次の勇気を与えてくれることは、科学でも証明されています。すると、支援されることもますます増え、感謝を感じ、人は幸せを感じます。**幸せを感じた経験を脳はまた繰り返そう**として新しい困難をまた乗り越えることができます。

このような経験を通して、成長しながら自分の役割や居場所ができ、充実感ややりがいを感じて大変なことでも協力し合って乗り越えられるのです。

このためには、社会や組織の側も「その人を必要な存在にする」ということが、とても大切です。包容力のある社会でなければ、個人のレジリエンスは支援できません。人の能力を活かし、その人を必要な存在にするのが、職場のリーダーの役割です。**「あなたは必要な存在だ」というメッセージほど人にエネルギーを与えるものはありません。**

人生は自分の居場所を見つける旅です。はじめから役割がわかっている人はいません。役割は需要と供給なので、もし合わなくても誰も悪くありません。

自分を必要としてくれないからといって、くさったり自己否定してはだめです。必ずチャンスは巡ってきます。いつかどこかで必要な存在になるため、人間力を磨いて活躍のチャンスを待ちます。人生がまわりはじめる一番のポイントは、**自分を必要としてくれる人に出会ったら、精一杯期待に応えようとする**ことです。

あなたが望む人生を手に入れる確実な方法は、

・いつくるかわからない出会いに気付くために
セレンディピティ力を磨いておくこと。

・将来、自分がやりたいことを実現するために
能力などを身につけておくこと。

・自分を必要としてくれる人に出会ったら、感謝して自分からまず努力すること。

いつあなたの目の前にチャンスが来てもよいように普段から準備しておきましょう！

17 「心の余裕を増やす方法」を知るだけ！

あなたは今、周囲の人たちとの人間関係に満足していますか？　もし、満足できていないとしたら、頑張ってもなかなか結果がでないどころか心身の調子が悪くなってしまうかもしれません。悪循環になってしまう前に、今の状況について一緒に考えてみましょう。

人は誰でも、ストレスが溜まっていたり、睡眠不足や気になることがあったり、忙しくて心に余裕がないと、**長所ではなく短所の方が出やすく**なります。積極的な人なら怒りっぽくなったり、行動的な人は性急になり失敗したりします。

睡眠不足のとき、脳は物事を丁寧に考えるのが面倒になります。普段はしないようなミスをしたり、人の表情や言動に対して実際よりネガティブに感じやすくなる実験結果もあります。

このように短所が出ているときは、性格を変えようとするより**乱れたときの対処法**や普段から**バランスを整える**ことがストレス対策になります。なかなか自分では気付きにくいため、早めに周囲に相談したり、自分で傾向を知っておくことが大切です。これまで大切にしてきた信頼関係をなくしてしまうことがないよう、まだ心に余裕があるときに周囲にも**早めに相談**するほうが頼み方も上手にお願いできます。

今もしあなたから人を遠ざけてしまっている場合は、心の余裕やエネルギーが少なくなっているかもしれません。本来、楽しい仲間との交流は、心に余裕があれば楽しいもの。人との交流には確かにエネルギーも要しますが、それ以上にあなたに元気を与えてくれます。

そこで、最新の科学的見地をふまえた、誰でも簡単にできる「心の余裕を増やす方法」をお伝えします。

現在、**かなり心の余裕がない人**向け……

・即効性で欲求を満たせるようなことをやめてみる（副作用をなくす）
・自分のためにすることを減らす（時間が足りないという感覚が減らせる）

多少、心に余裕のある人向け……

・片付けをする（活動の負荷が減る）、掃除をする（気持ちもすっきり）
・誰かのために動いてみる（時間があるように感じる）

普段から**心に余裕のある人**の特徴……

・人のためと自分のための境界が曖昧。そして人に喜ばれるのが好き
・自分を大きく見せようとしない。理不尽さを気にしない

ポイントは、自分で心の余裕がなくなってきたなと思ったら、遠慮せず早めに助けを求めることです。支援してくれた人にも、求めたあなたにも、どちらもオキシトシンが出るのですから、**助けてもらうことはよいこと**なのです！

18 「苦手な人がなくなる裏技」を知るだけ！

これまで、苦手な人はひとりもいませんでした！　という人はいないのではと思います。脳は、誰かを嫌うと扁桃体が反応し、コルチゾールなどの体の負担となるストレスホルモンが出ます。相手を攻撃しているつもりが自分の体を攻撃するのと同じ。自分のお腹の中に敵を作っているようなものです。憎しみや嫉妬などネガティブな感情を感じる人がひとり減ると、3年くらい寿命が伸びると思ってください。

ではなぜあなたはその人にネガティブな感情が起きるのでしょうか。もしまったく関心もなければ嫌いにもなりません。気になるのはあなたの**潜在意識や基本的欲求に何らかの刺激**になっているからです。

例えば、かつて似た辛い経験があったり、自分が我慢していることに対する嫉妬や、自分にも似たところがあることへの嫌悪感などです。ということはこれらを分析することで、**自分の成長課題**を見つめ直すことができる機会にできるということです。

めちゃ知る！　おすすめ人との関係を**「通そう反応」**にする方法です。

【人とのトラブル「通そう」対応】

相手から**否定される**とき

違う生き方をしてきたのだから考え方が違って当然と考えます。そのうえで、どのようにすれば否定されなかったか分析し、**相手との違いを整理**し、もっと良いやり方がなかったか振り返ります。そしてこの経験から**否定される人の気持ちも学べた**と考えます。

相手から**攻撃される**とき

あなたも闘争、逃走反応にならないようにするには**背景に意識**を向けます。相手の何かの基本的欲求が満たされていないと考えます。もしあなたのせいにされても犯人探しの土俵に乗らず、**相手の基本**

的欲求が満たされていない理由を理解して、もし協力できることなら協力します。**相手がいい人になれる落としどころを探す**ことでおさまることがあります。イヤな人になりたい人はいないからです。

相手が**自分を誇示してくる**とき

本当はその人も自信がないのかもしれません。あなたも**実力**をつければ大丈夫です。

短所がない人はいないのと同様、長所がない人もいません。人は誰でも良く思われたいもの。相手の良い面に目を向けてコミュニケーションすると相手にも伝わり空気が和らぎます。人はみな少なからず**同じ要素**を持っていて、その**配合が少しずつ違う**だけ。**「人」を原因にせず「課題」に対処する**ようにすると互いにストレスが減ります。

「嫌いな人が減る瞬間」と「好きな人が増える瞬間」、人は幸せな気持ちになれます。相手を大切にする気持ちは自分を大切にする気持ちと同じです。人へのネガティブな気持ちが、あなた自身をどうか傷つけることのないようにしてくださいね。

19 「誰かのために行動できるしくみ」を知るだけ！

そうか、誰かのために行動するのが良いことはわかった。でもなかなか人のために動くのは難しいぞ、と思いますすよね。ところが世の中には、それが自然にできて幸せな人生を送っている人がいます。一体、どんな人なたちでしょうか。

利他行動をするのに「3つ必要条件」があります。それは、**①扁桃体が反応すること　②時間やお金に余裕があること　③自他の区切りがないこと**

あれ？　扁桃体は反応しないほうがよかったんじゃないの？　お金は必要ないんでしょ？　と思いましたよね。説明していきます。

まず、困った人を扁桃体で察知しなければ気付けないので**扁桃体の反応は必要**です。

むしろ扁桃体が機敏なことはコミュニケーションに必要で、反応させないのではなくそのあと**の行動に違い**があるのです。もし「不安な表情の人」があなたの顔を覗き込んだとします。すると扁桃体は反応し、「不安→闘争／逃走反応」となりますが、

「闘争反応」→　自分が巻き込まれないよう、先行攻撃で相手を抑えようとする。
「逃走反応」→　自分が巻き込まれないように、その場を逃げようとする。
「通そう反応」→　どうしたんですか？　と事情を聞いて、対応しようとする。

というういくつかのパターンがあります。

この違いは何でしょうか。

まず「②時間とお金」は実際の余裕のことでなく**時間やお金を人のために使う「心の余裕」**のことです。有限なものは人との比較では奪い合いの対象で、誰が得で誰が損という発想になり、**「扁桃体反応→闘争・逃走反応→ストレス上昇」**反応になります。

「③自他の区切りが強い、範囲が狭い」も自分以外に**敵を作る**発想で、**「扁桃体反応→闘**

争・闘争反応→ストレス上昇」になります。自分の領域と認識する範囲内では人のために動きますが、自分の領域外では防衛反応が強くなります。

一方、自他の領域の区別があいまいな人は、そもそも、人のためとか自分のためという区切りがないので自然に人のために動けます。この場合の反応は**「扁桃体反応→自他問わず問題が解決すると嬉しい→オキシトシン放出→ストレス低下」**という**「通そう反応」**です。つまり、**自他の比較やそれを隔てる感覚が扁桃体の反応パターンを左右**していたのです。

扁桃体は、感情を司る部位なので、嫌いなことだけでなく好きなものにも反応します。嫌いなものより好きなものが多い人生のほうがストレスの少ない人生になります。

扁桃体の反応をプラスに変えるには物事に対して、

①世の中に好きなものを増やす（嫌いなものを減らす）、**②自分にも何かつながっているると広く興味を持つ、③損得を考えない**ことでプラスの反応を増やすことができます。

【誰かのための行動ができる】ポイントをまとめると、

①「他者の状況に気づくこと」

・扁桃体は人の表情や反応に気づくために必要な反応。

・反応したあと、「闘争・逃走」ではなく**「通そう」反応。**

②「心に余裕があること」

・自分の生命を維持できる最低限のお金や時間があること。

・有限な資源（時間やお金）は人と比較すると欠乏感が出て、心の余裕がなくなる。

③「自他の区切りが少ないこと」

・区切りがあいまい（自分を中心にして「世界」を見る感覚と、自分も「世界の構成要素の一部」という感覚）

・区切りの範囲（自分／家族／知人／会社／地域／社会／国／地球／宇宙）

時間やお金は有限ですが、心から生まれる「愛」は無限です。どんどん使いましょう！

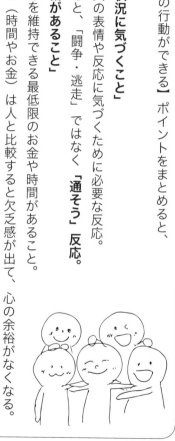

20

「孤独にならない方法」を知るだけ！

あなたは「孤独」と聞いて何をイメージますか？　たとえばひとりでゆっくり映画を観るのは孤独でしょうか？　違いますよね。では、ひとりで時間を過ごすことと孤独は何が違うのでしょうか。

孤独とは、自分は誰からも必要とされていない、誰も自分の気持ちをわかってくれる人がいない……と感じるなんとも言えない**絶望感**の気持ちです。自分の考えや思いが周囲に理解されない、寂しい悲しい気持ちが孤独です。

一人で居ても、いざとなれば自分の気持ちをわかってくれて、味方になってくれる人がいると思えるのであれば孤独ではありません。

それが、ただひとりで時間を過ごすことと孤独との大きな違いです。

実は自殺がもっとも多いのは本人の誕生日で他の日より50％も多く**「誕生日ブルー」**と呼ばれます。このような特別な日に誰とも話せないと孤独感が一層増してしまうのです。

「孤独感」はわたしたちが考える以上に心身を壊します。**孤独は体のさまざまな場所に慢性炎症と同じ症状を引き起こす**ことが研究結果でわかりました。

ひとりでいてはオキシトシンを出す機会もありません。孤独は健康や幸福の対極にあります。心の交流は人にエネルギーを与えます。

もし、とてもつらいことがあったときに誰かに相談して「なぜそんなことでそんなに悩むの？　気にすることないじゃん！」という反応をされたらどうでしょう。励ましているつもりかもしれませんが、相談した人は気持ちがわかってもらえずつらいさみしい気持ちになります。人はわかってほしい生き物です。そして、いい人になりたい生き物です。相談してお説教や怒られたい人はいません。

また、話を聞いてもらうときも、相手に心地よく聞いてもらえる話し方ができているでしょうか。もし、話を聞いてくれる人にまで感情的になってしまうと、聞いてあげたくても聞けなくなってしまいます。

扁桃体が反応してしまうと冷静に考えられなくなりますが、本当は自分で解決する力をもっている場合がほとんど。まず感情的になっているのを抑えることが大切です。

気持ちを落ち着かせる方法は、**気持ちをわかってもらうこととオキシトシン**です。わかってもらえたという信頼関係がオキシトシンを分泌させ、落ち着きを取り戻すと不安が減り、明るく前向きになれます。気持ちをわかってもらうだけで救われることがあります。

また自分の気持ちをわかってほしい人ほど強く主張するので、家族など身近な人だと喧嘩になってしまうこともあります。「なぜみんなわかってくれないの!」となってしまいますが、こんなときほど、**問題解決より気持ちをわかってあげることがその人を助ける**ことになります。相手から求められたら、それから一緒に解決方法

を考えていけばよいのです。相談者は**指示よりも支持**を望んでいます。

元気な人もおとなしい人も、自分の気持ちをわかってもらいたい気持ちは同じです。**わかってもらうことが心と体のエネルギー**になります。すべて理解できないかもしれませんが、わかってあげようとします。

といっても、なかなか純粋に相手の気持ちを聞くことは難しく、ついお説教やアドバイスをしてしまいます。百聞は体験にしかず⁉〝相手の気持ちを聞く〟が体験できる方法があります。**「インテンショナルダイアログ」**というものです。

この方法では、聞き役がひたすら聞き役に徹します。話すほうは何を話しても相手はきちんと聞いてくれます。この過程の中で、いつも自分が聞いている姿勢とどう違うのか、自分も聞いてもらえるとどんな気持ちだったか、を体験することができます。

▼インテンショナルダイアログの進め方

① 2人のうち、片方が話の「送り手」、もう片方が「受け手」になります。
② 送り手は心の内を打ち明け、受け手は傾聴します。
受け手は送り手の言うことを再現し、正確に理解できたか確認します
(自分の言葉に置き換えたり、解釈を加えたりしない)
③ 受け手が送り手に共感を示します。送り手が最も聞きたい言葉「**あなたの言うことはもっともだ**」を伝えます。そして、「**つらい思いをしているんだね**」など相手が訴えた気持ちを理解してあげます。
④ 話す側と聞く側の役割を交代してみます。

会話の中では解決をめざさず、ただただ相手を理解することに努めます。解決したいと思うあまり相手に原因や正解を教えてあげたくなりますが、正しい間違っているは脇へおいておく練習です。

職場のメンタルヘルス対応も同じです。問題解決の前にまず気持ちをわかってもらえる職場作りが大切です。上司に相談したら、「どうしてこんなこともわからないんだ！　オレの時代は……」などとお説教がはじまるならうっかり相談もできません。それで上司の思うタイミングで相談しなかったら「どうして相談しないんだ！」とまた怒られる（泣）

気持ちを聞いてもらえない、大変さを理解してもらえないことが実は一番のストレスの原因です。逆に「自分の気持ちをわかってもらえた」と思えるだけで問題そのものが解決しなくても、随分気持ちが楽になります。問題解決はこのあと一緒に考えればよいのです。

こう想像してみてください。もし、あなたがあなたの部下だったとして、上司のあなたに相談したいと思えますか？　あまり相談したくないなあ、と思ったら要注意！「昔はな、」はもう昔の話。かつてあなたが辛かった経験を現代に再現させる必要はありません。部下をサポートできる上司になるには、**指導力より想像力**。気持ちがわかってもらえることが、心と体に良いことは、今も昔も同じです。

コラム10

「ハートの日」に気持ちを伝えよう！

「いつもおいしいお弁当ありがとう」

「なかなか会えなくてごめんね」

「あのとき、本当によくがんばったね！」


普段わざわざ言ってないこと。あのとき伝えられなかったこと。

たったその一言や気持ちが伝わるだけで、お互いとても幸せな気持ちになれます。

いろいろなことが効率化の時代ですが、心のコミュニケーションだけは効率化できません。どれだけ自分の時間や気持ちを相手に注いだかが、その人を大切に思っているかそのもの。忙しい毎日だからこそ、丁寧に気持ちを伝えることはとても大切です。

思いを伝えた人と伝えられた人、どちらが多くオキシトシンが出ると思いますか？
あるご夫婦のご主人が奥様にサプライズの花束を贈り感謝の手紙を読んだところ、なんと手紙を読んでいるご主人のほうに多くオキシトシンが分泌されていることがわかりました。**相手が喜ぶことを一生懸命考えた人がより多くの幸せ**を感じていたのです。

喜んでもらえると嬉しいですよね。自分のことを考えてくれるなんて幸せなこと。
喜べるのも相手への贈り物です、照れ屋さんも、この日は堂々と気持ちを伝えてみんなでハッピーになりましょう！

毎年、8月10日は『ハートの日』（日本記念日協会認定）
ハートの日大賞では、素敵なコミュニケーションの出来事や家族、職場をご紹介♪　普段なかなか伝えられない気持ちをあなたもぜひ伝えてみませんか？
【ハートの日】http://www.e-cdi.co.jp/heartday/

21 「体は幸福を実現するための乗り物」を知るだけ！

お腹の脂肪を落としたいとき「脂肪取れろ〜脂肪取れろ〜」と願っている（呪っている？）だけではもちろん取れません。脂肪だってあなたの体の一部。気に入らないと邪魔者扱いしてはかわいそうです。

ネガティブな交換条件は、啓発になるどころか逆の行動を助長させたアメリカの事例があります。「肥満従業員は解雇する」というニュースを見た人が、かえって暴飲暴食に走ったと言います。これとは逆に、今、業務上で体を動かしていることがいかに運動になっていて健康にプラスかを伝えたところ、検診の数字が良くなったという事例もあります。

筋肉があるほうが脂肪が燃焼しやすいという情報があれば、食事制限で筋肉を減らすより運動で筋肉を増やすほうが健康的で効果が高いと考えられるようになります。

これまで存在を感じなかったお腹の筋肉も、使っていくと〝**活躍できて嬉しい**〟という声がする感覚になります。**体の細胞は悪者にするより、活躍させてあげるほうが、脳もカラダも快状態**になります。

生物学者の福岡伸一氏によると、人の体は原子の集合体でできていて、生命エネルギーで集合しているだけなので見た目は全く同じでも実は同じではなく、毎日入れ替わっているそうです。そして約半年で体の細胞は入れ替わると言います。

もし半年以上、憎しみや嫌悪感を持ち続けたら体は……考えると怖いですよね。毎日の生活習慣や思考が明日のあなたの体の細胞の再生を行っています。体は幸福を実現するための、あなたの命を輝かせるための乗り物です。乗り物であるのと同時に、脳は夢を実現させるためのプログラムです。健康と幸福につながる習慣を毎日行っていると、確実にあなたの人生は変わります。今日のあなたの行動が未来のあなたを作っています。ココロと

カラダの幸福に必要なのは、**健康の基本（運動・食事・睡眠）と、人とのつながりと、脳がプラスになる学習。** この幸せ3点セットを毎日心掛けると幸せスイッチが入ります。

できることからはじめるための**幸せ習慣サポートアプリ「めちゃ知る！」**はあなたが毎日続けたい「幸せ習慣」を登録しておくと、お知らせしてくれて、実行すると幸せコインがたまり、おほめの言葉を浴びながら幸せプログラムが発動します！

散歩で脳に刺激を与えたり、ぼーっとして脳のワーキングスペースに余裕ができると、創造的なひらめきをしやすいと言われています。

アプリに出てくる「テロメア」とは、染色体の末端にあって細胞分裂するたび短くなっていき、生体の寿命に関連すると言われています。健康的でストレスのない生活心がけていると「テロメラーゼ」という酵素が活性化し分裂時の伸長を補い「テロメア」の短縮を抑制できると言われています。

「学習」「ひらめき」「快スイッチ」をループさせながら毎日楽しく幸せ習慣を続けましょう！

幸せ習慣サポートアプリ「めちゃ知る」www.mecha-shiru.com

ちゃりんぶたと
幸せ習慣♪
めちゃ知る！
ちゃりんする

ここから
ダウンロード
できるよ

22 「人は愛を知るために生まれてきた」を知るだけ！

「夜中に爪を切ると親の死に目に会えない」という迷信があります。諸説ありますが、私の解釈はこうです。

電灯のない江戸時代、夜は暗いので爪を切るのには適していません。なのにそんな時間に爪を切らなければならないような生活をしていると大切なことが後手にまわって、大切な親とのお別れに間に合わないかもしれない。何が自分にとって大切なのかをいつでもできる爪切りと、人生で一度きりの場面を結ぶことで、**今しかできないことの大切さ**を教えているような気がします。

3年前のある日、医師から母の余命が半年であることを告げられました。それがわかった日が最もつらく悲しくて一日中泣きました。一生分の感謝を伝えるには半年は短すぎましたが、最高の半年を母と一緒に過ごそうと決めました。

今日からすべての出来事が「最後」です。最後のひなまつり、最後の桜、最後の母の日、最後のゴルフ、最後のお正月。最後の思い出の一瞬一瞬をしっかり心に焼きつけました。母は、そんな病気とは思えないほどの明るさと元気さで楽しい時間を一緒に過ごしてくれました。

ある日、母が急に立てなくなって入院することになりました。それが何を意味しているのか本人もわかっていたと思います。母が眠りから目を覚ましたとき、誰もいないとすごい恐怖感だろうと思うと、病室からお手洗い以外は一歩も出ず、母のそばにいました。元気な頃、一緒に録音した歌を流したり、母のいろんな思いを聞いたりして過ごしましたが、入院して1週間目の朝、母は家族に見守られながら息を引きとりました。

しかし、神様はそう簡単に完璧にはしてくれませんでした。しばらく生前のビデオを見ることができなかったのですが、やっと数ヶ月して見ることができたとき、わたしはある大変なことに気付いたのです。長くなるので詳しくは書けませんが、

「そこから何か学ぶしかない」

そう思わなければ胸が押しつぶされるような気持ちになりました。こんなに苦しい後悔を通してしか、人は学べないものなのかと思いました。

大切なことの判断は「心」ですると後悔が少ないのではと思います。普段の何気ない生活も、一体何が大切か、心で考える習慣が大切だとあの迷信は言っている気がします。

生きていると、つらいこともたくさんあります。どうしてこんな大変なことばかりで、いいことはあまりないんだろう、と思う日もありますね。

宇多田ヒカルさんの『花束を君に』という歌の歌詞に、こんなフレーズがあります。

《毎日の人知れぬ苦労や淋しみも無く
ただ楽しいことばかりだったら
愛なんて知らずに済んだのにな》

苦労や悲しみがあるから、誰かの愛に気付き、感謝することができるのだと思います。きっと苦難は愛や幸せを知るためにあるのです。

「もうこの体いらんわ。次、生まれ変わったらな、お医者さんになって人を助けるねん」

亡くなる3日ほど前、母は痛み止めのモルヒネで朦朧としている中、希望に満ちた顔でこう言いました。

母は入院してからも看護師さんに「ありがとう」と感謝の言葉を言ったり、幻想で、好きだった十二単のお姫様やきれいな花束が見えると言って、笑顔で家族や親戚と過ごしました。

役目を終えると、自然に帰っていく。形あるものはいつか必ずなくなりますが、その人の意志や信念は人の心を通して生き続けます。この世にその人はいなくなってもずっと人の心に生き続けるもの。

それがその人の**「生きざま」**。

これが次の世代に引き継がれ、意志は延々と生き続けます。
あなたが大切に思っていたことや受け継いでほしい想いは、
この世に存在はなくなっても受け継がれていきます。

人は愛を知るために生まれてきて、何か伝えるため滅びていく。

あなたは残された人の心に、どんな人として生き続けますか？

コラム11

わかってからでないとわからない

ある日、引き出しを整理していたら、1通の手紙が出てきました。
15年前わたしの31歳の誕生日に母がくれたものです。
そこには手書きでこんなことが書かれてありました。

1　自分の体を大切にすること
2　家族を大切にすること
3　仕事を大切にすること（ただし、規則正しい生活を送ること）
4　お金はよく見て大切に使うこと
5　人の立場になって、人の気持ちになって行動すること
そして結びに
「自分もあなたを育てながら成長しているよ。頑張って成長するよ。少しずつだけどね。

もう一度、立ち上がって頑張ってくれることを信じているよ」

とありました。

この手紙をもらった頃のわたしはどん底で、駅から自宅まで2時間かけて歩いた日もあります。このときは手紙を読んでも、「こんなことあとからでもできる。とにかく今は仕事を成功させなくては」としか考えられず、この手紙の存在すら忘れていました。

あの日から15年たった今、あらためてわかったことは、こんな大切なことをずっと教えてくれていたのに、そのときはそのことに気付いていなかったということ。母はいつも心から信じて応援して見守ってくれていたのに、当時はそれに感謝できていなかったこと。

大切なことを言われても、**わかってからでないと、わからない。**

「苦労は拾ってでもしいや」
「人生プラスマイナスゼロ」

「いつも一生懸命」

ただの母の口癖だと思っていたこれらの言葉、苦労した経験からの言葉。

母は、もちろん科学的エビデンスなど知りません。

でも、**経験して初めて感覚できる質感、クオリア。**

(Qualia)

知るだけではわからない。

でも、**知ることは、大切なことに気づく第一歩。**

あなたがこれからの人生において、大切な人に囲まれながら、ますます健康で幸せな毎日を歩まれることを、心から願っています。

参考文献

『愛は化学物質だった!?　脳の回路にオキシトシンを放出すればすべてはハッピー』スーザン・クチンスカス著／白澤卓二監修／為清勝彦訳（ヒカルランド）
『オキシトシン　私たちのからだがつくる安らぎの物質』シャスティン・ウヴネース モベリ著／瀬尾智子、谷垣暁美訳（晶文社）
『グラッサー博士の選択理論――幸せな人間関係を築くために』ウイリアム・グラッサー著／柿谷正期訳（アチーブメント出版）
『経済は「競争」では繁栄しない――信頼ホルモン「オキシトシン」が解き明かす愛と共感の神経経済学』ポール・J・ザック著／柴田裕之訳（ダイヤモンド社）
『自分では気づかない、ココロの盲点 完全版 本当の自分を知る練習問題80』池谷裕二（講談社）
『信頼の構造　こころと社会の進化ゲーム』山岸俊男（東京大学出版会）
『スタンフォードのストレスを力に変える教科書』ケリー・マクゴニガル著／神崎朗子訳（大和書房）
『生物と無生物のあいだ』福岡伸一（講談社現代新書）
『不安を希望に変える　ハーバード流7つのレッスン』スリニバサン・S・ピレイ著／吉田　利子訳（早川書房）
『分析心理学』カール・グスタフ・ユング著／小川捷之訳（みすず書房）

『母性社会　日本の病理』河合隼雄（講談社）
『マインドセット「やればできる！」の研究』キャロル・S・ドゥエック著／今西康子訳（草思社）
『女神的リーダーシップ　世界を変えるのは、女性と「女性のように考える」男性である』ジョン・ガーズマ、マイケル・ダントニオ著／有賀裕子訳（プレジデント社）
『脳と心――「心」はどこにあるのか』ニュートンムック Newton別冊（ニュートンプレス）

●『ダイヤモンド・ハーバード・ビジネス・レビュー』（ダイヤモンド社）
「社員を輝かせる5つのステップ」エドワードM．ハロウェル（2012年2月号）
「利己的でない遺伝子」ヨハイ・ベンクラー（2012年2月号）
「PQ：ポジティブ思考の知能指数」ショーン・エイカー（2012年5月号）
「温かいリーダーか、強いリーダーか」エイミーJ．C．カディ、マシュー・コフート、ジョン・ネフィンジャー（2014年1月号）
「脳神経ネットワークへの理解を組織に活かす」アダム・ウェイツ、マリア・メイソン（2014年3月号）
「ネガティブな感情をコントロールする法」スーザン・デイビッド、クリスティーナ・コングルトン（2014年10月号）
「人材は潜在能力で見極める」クラウディオ・フェルナンデス＝アラオス（2015年5月号）
「単純な脳、複雑なデータ」池谷悠二（2016年6月号）

おわりに

最後までお読みいただきましてありがとうございました。
何か変わった気がするという方、すぐに変わるわけないよという方、まだ実感はないかもしれませんが、目に見えないところであなたの脳の中で変化は起きています。

今、社会は「働き方改革」と言われていますが、まずは一人ひとりの働き方への意識。「生き方改革」の時代でもあります。

「ポジティブキャリアデザイン」と聞いて、あなたは何をイメージしますか？　人も羨むキャリアアップや完璧な仕事と家庭を両立の実現ではなく、自分の人生を自分の手で運転しながら、理想の生き方をめざそうとする積極的な生き方のことだと思われたでしょうか。

また、ポジティブキャリアデザイン時代の道標は、

「誰かに支えられていることに感謝しつつ、自らの能力を最大限に発揮して、人や社会に貢献できる幸せを感じる働き方・生き方」

ということになるでしょう。このような時代に必要となる能力として、

①コミュニケーション能力
②自分の人生のコントロール力
③自分の役割への意識と実現のための能力

があります。1つだけなら難しくないのですが、この3つをバランスよく発達させながら、あなたと周りの人々が幸せを感じる道へ舵取りできれば、あなたは生き方のプロ！

最後に、時代の変化を「あなたの人生の味方に変える方法」をお伝えしたいと思います。

【出来事への対処：3つのC】
変化をチャンスにするには、
変化（Change）→機会（Chance）→挑戦（Challenge）→変化→機会→挑戦…
の流れを作り、**変化をプラスにする機会にしてしまう**ことです。

実はこの【3つのC】はどこからはじめても構いません。チャンスだと思えばそこから。挑戦してみようと思えばそこから、変わりたいと思えばそこから。

「リスクが少ないのはどれ？」などと考えていたら、チャンスは逃げてしまいます。

ノーリスクの活動なんてありません。リスクを考えて脳のやる気がなくなってしまう前に、よいアイデアを次々に考えて、それが自分で引き受けられるもので、再起不能にならない程度であれば、思い切って挑戦してみてください！

ちなみに出来事からの学びは**「情報＋知識」**→**「納得」**→**「変化」**となりますが、この本ではこの中の「情報＋知識」→「納得」の部分をサポートしました。

変化はエネルギーです。**変化と制約は新たな突破口**を見つけるチャンス。これをチャンスにするには普段から**「出来事からの学び」**をしていれば、大丈夫です。

あなたの脳から生まれる、知恵とアイデアはあなただけの財産です。時間やお金がないほど知恵が湧き、しかもローコスト。ゼロベースで考えたり、最高のシナリオを描いたり、最悪の事態を想定だけしてみたり。発想はあなた次第です。みんなで幸せになれる目標を定めたあとは脳があなたの意識が織りなす人生の青写真に従って動きはじめます。

といっても、どうしても不安になることがあります。そんなときはこの不安が消える【めちゃ知るまじない】を唱えてみてください。

あなたは必ず、明るい未来が待っています。

不安が消える【めちゃ知るまじない】

1 わたしの人生は自分で必ずコントロールできる。
2 命までは取られない。
3 乗り越えられる苦労しか神様は与えない。
4 どんな状態でも気持ち次第で幸せは感じることができる。
5 どん底のあとは良くなるしかない。
6 わたしの居場所は必ずどこかにある。
7 未来には、笑顔のあなたが、あなたが来るのを待っている。

さあ、ついにこの本を閉じた瞬間から、あなたの人生が幸せに向かって動きはじめようとしています。

謝辞

文芸社さんをはじめて訪問したのは2016年春でした。これまで書き溜めたものがあったので、半年くらいで完成できるつもりでいたのが、結果的に2年以上かかりました。

ご担当頂いた越前さんから一番はじめに言われた「本はずっと残ります」という言葉を思い出してはそのプレッシャーを感じながら、読んで頂いた方の幸せへの願いをこめながら書きました。


1冊の本を書くことがこんなに大変で責任重大なことだと思ってもみなかったわけですが、2年以上何度も何度も何度も読み続けた結果、ひとつ言えることがあります。

それは、わたし自身と執筆に協力してくれたスタッフが、この本の内容について自らこの効果を実感することができたということです。「めっちゃ知るだけ」などというタイトルにしてしまったため、責任を感じましたが、この2年間でおかげさまでいろいろな結果を出すことができ、実際の検証ができて結果的に良かったと思っています。

しかしこの間、30回くらい完成した！　と思い、編集長にもうできました！　と10回くらい言いましたがそんな甘いものではないことを冗談めかしく教えて下さったK編集長には感謝のしようもありません。きっと、K編集長は体中オキシトシンでしょうか。

イラストとデザインを担当してくれた茂木さん、山本さん。最高にかわいい世界観で、一緒に作成できてとてもハッピーになれました。モギー&エミーの世界がこれからますます広がりますように。

そして人生全般にわたりこれまで助けていただいた多くの方々へのお詫びと感謝を、この場を借りて心から御礼を申し上げます。そしてこんな母についてきてくれた2人の息子たちには感謝とこれからの幸せを心から願っています。

これからも引き続き「何を知る必要があるのか」をみなさんと一緒に探していきたいと思います。この本が、大切なスタッフとご家族、お世話になった関係者の方々、読んで下さったみなさまの今後の幸せと健康に少しでもお役に立てれば幸甚です。

P.109
地上の星
作詞　中島 みゆき　　作曲　中島 みゆき
©2000 by Yamaha Music Entertainment Holdings, Inc.&NHK Publishing,Inc.
All Rights Reserved. International Copyright Secured.
㈱ヤマハミュージックエンタテインメントホールディングス　出版許諾番号　17459P

著者プロフィール

渡邉 文子（わたなべ ふみこ）

一般社団法人日本ポジティブキャリアデザイン協会代表理事。キャリアデザイン・インターナショナル株式会社代表取締役。日本 CHR コンサルティング株式会社取締役。
甲南大学文学部卒業、英国国立ウェールズ大学大学院経営学修士 (MBA)、国家資格キャリアコンサルタント
1998年インターネットギフトショップ『HeartGift』を在宅で起業。育児中の主婦を中心とした在宅勤務によるネットワーク型組織での運営を行う。2002年、日経 WOMAN「ウーマン・オブ・ザ・イヤー」ネット部門8位受賞。2008年、日本テレワーク協会「テレワーク推進賞」で奨励賞を受賞。障害者就労支援をきっかけに2008年、精神科医らとともに日本 CHR コンサルティング株式会社を設立。現在、企業におけるメンタルヘルス支援、組織環境改善支援、キャリア開発支援を行う。

めっちゃ知るだけ！ こころとからだの幸せ法則

2018年 4 月15日 初版第 1 刷発行

著　者　渡邉 文子
発行者　瓜谷 綱延
発行所　株式会社文芸社
〒160-0022 東京都新宿区新宿1－10－1
電話 03-5369-3060（代表）
03-5369-2299（販売）

印刷所　図書印刷株式会社

© Fumiko Watanabe 2018 Printed in Japan
乱丁本・落丁本はお手数ですが小社販売部宛にお送りください。
送料小社負担にてお取り替えいたします。
本書の一部、あるいは全部を無断で複写・複製・転載・放映、データ配信することは、法律で認められた場合を除き、著作権の侵害となります。

ISBN978-4-286-17526-3　　JASRAC 出1713368－701